고졸 취업 완전 정복

최신 취업 트렌드에 맞춘 실전 매뉴얼

고졸 취업 완전정복

너는 대학 가니?
나는 직장 간다!

송지영 지음

슬로래빗

고졸 취업은 기회다!

특성화고를 다니며 공기업에 합격한 학생이 있다. 이 학생은 서울에 소재한 대학에도 합격하여 친구들의 부러움을 샀다. 취업과 대학 중 하나를 선택해야 하는 상황에서 학생의 선택은 무엇이었을까? 대학을 과감하게 포기하고 공기업에 입사하는 것이었다. 대졸자로 다시 취업을 준비한다면, 더 많이 노력해도 같은 결과를 얻기 힘들다는 것을 스스로도 잘 알고 있었던 것이다. 입사한 후에도 대학 갈 기회는 언제든 있지만, 좋은 대학을 나와도 가고 싶은 직장을 가기가 힘든 현실이다. 더군다나 대졸자도 들어가기 힘든 공기업 아닌가!

앞으로 또 어떻게 바뀔지는 모르지만, 지금은 고졸 취업을 준비하는 사람들에게 분명 호의적인 상황이다. 중요한 건, 이 기회를 자신의 것으로 만들 수 있는가에 달려 있다. 진학 대신 취업으로 진로를 결정했다면 기회를 잡을 수 있도록 준비해야 한다. 철저한 준비가 없다면 '졸업'만이 유일한 결과물로 남을 것이다.

매해 취업이 어렵다는 얘기가 들린다. 한파를 지나 이제는 빙하기가 왔다고도 표현한다. 하지만 채용 시장이 아무리 위축되어도 기업은 채용을 해야 돌아가고, 엄혹한 빙하기에도 입사하는 사람들은 여전히 있다. 부정적인 얘기에 휘둘려 시작부터 안 된다고 생각할 게 아니라 얼음을 깨서라도 물고기를 잡을 수 있도록 노력해야 한다. 그래야 기회가 내 것이 된다.

이 책은 누구에게나 해당하는 일반적인 취업 정보보다는 고졸 취업에 집중했다. 예시 또한 실제 고졸 채용을 진행한 기업 사례를 활용했다. 내용 흐름을 들여다보면 특성화고 진학부터 경력 관리 부분까지 전반적으로 다뤘다. 장기적인 관점으로 접근해야 제대로 시작할 수 있기 때문이다.

독자 중에는 취업과 대학을 놓고 고교 진학을 고민하는 학생과 학부모님들도 상당수 있을 것이다. 진로 선택에 필요한 얘기도 담고자 했으니, 독자들이 현명한 계획을 세우고 판단을 내리는 데 도움이 된다면 더할 나위 없겠다. 여건상 미처 싣지 못한 내용은 내 블로그를 통해 얻어 가도 좋고, 막막한 고민을 함께 나눌 누군가가 필요할 때 노크해도 괜찮다.

이 책을 통해 만난 모든 독자들과 나의 제자들이 자신이 원하는 곳에서 진정한 행복의 순간을 마주하기를 진심으로 바란다. 특별한 관점과 따뜻한 시선으로 책과 사람을 바라보는 슬로래빗의 편집장님에게도 고마움을 전한다.

이 땅의 모든 고졸 취업자들이 꽃길만 걷길 바라며,
저자 송지영

차례

Chapter 1.

어쩌다 취업?
결국은 취업!

내신이 높든 낮든, 공부를 못하든 잘하든, 외모가 어떻든 간에 계속 자소서라도 넣고 꾸준히 공부하는 사람이 결국은 된다. 2학기만 되면 취업을 포기하고 대학으로 진로를 바꾸는 애들이 많이 생겨서, 갈수록 경쟁률이 낮아진다. 서류전형만 봐도 1학기 때는 5명 채용에 3천 명이 훌쩍 넘게 지원한다면, 수능 이후에는 25명 채용에 1천 명 남짓 지원한다. 긴장하되 초조하게 생각하지 말고, 한 번 정하면 끝까지 밀고 나가야 한다. - 채경훈(국민연금공단 입사)

중3, 진로 선택의
첫 갈림길에 서다

어느 순간까지는 그저 삶이 이끌어 주는 대로 가기만 하면 된다. 또래들과도 크게 다를 바 없는 보통의 삶, 그런 특별할 것 없는 시간을 함께 걷는다.

하지만 중3이 되면서부터 상황은 달라진다. 공존했던 삶의 영역을 벗어나, 취업과 진학이라는 서로 다른 목적지를 향한 각자의 인생이 시작된다. 누구에게는 대학을 향해 달려가는 시간이고, 다른 누군가에게는 기술을 연마하는 시간이 될 것이다. 어떤 모습이든 그 시간은 평생의 밑바탕이 된다. 이런 이유로 취업과 진학의 갈림길에서 우리는 신중할 수밖에 없다.

특성화고나 마이스터고 학생들의 진학 이유를 들어 보면 집안의 경제적 사정, 고졸 취업에 대한 긍정적인 기대, 부모님의 권유 등 다양한 사연을 가지고 있다. 대학 진학을 위한 하나의 수단으로 특성화고를 선택한 학생들도 더러 있다. 이렇게 각기 다른 이유로 선택하지만, 그것과는 별개로 뚜렷한 목적을 가진 학생들이 예전보다 많아졌음을 실감한다.

취업과 진학을 두고 어떤 결정이 옳다고, 어떤 삶이 좋다고 누구도 자신 있게 말할 수 없다. 다만, 현장에 있으면서 알게 된 사실은, 자신이 가야 할 길을 분명히 아는 학생들은 결국 원하는 바를 얻게 된다는 것이다. 목표를 잡는 것만으로도 목표에 한 걸음 더 다가갈 수 있으며, 매 순간 최선을 다하게 되기 때문이다.

결국 취업이다

언제인가부터 대학 진학은 삶의 당연한 순서일 정도로 보편화되었다. 그러다 보니 순서가 바뀌거나 그 길에서 잠시 멀어지는 것을 뒤처지는 것으로 생각하는 사람들이 많다. 취업을 목적으로 고등학교에 왔음에도 대학에 대한 미련을 여전히 떨치지 못하는 학생들도 상당수다. 비슷한 또래의 친구들이 대학 다니는 모습을 상상하면 마냥 부럽기도 하고, 대학 진학의 길에 동참하지 못하는 자신의 모습에 상실감을 느끼기도 한다. 대학 진학을 영영 못 하는 것이 아닌데도 말이다.

그런데 생각해 보자. 보편적인 것이 마냥 부러워할 만한 대상일까? 대학 입학이 목적이라면, 입학할 대학을 찾는 일은 어렵지 않다. 부러움의 대상이 공부에 대한 미련인지, 단지 대학생이라는 타이틀인 것인지, 막연히 대학 생활의 낭만인지 생각해 볼 필요가 있다. 미래에 대한 진지한 고민 없이 성적에 맞춰 대학에 진학하고, 적성과 무관한 삶을 살고 있는 사람이 우리 주변에 얼마나 많은가? 대학 졸업이 취업을 보장해 주지 않는 것 또한 우리 앞에 놓인 냉정한 현실이다.

대학 공부는 사회생활을 하면서 무언가 확신이 들었을 때 해도 절대 늦지 않다. 남들보다 몇 년 더 늦는 게 뭐 그리 대수인가. 사회에 나가 보면 알겠지만, 늦은 나이에도 학구열을 불태우는 분들이 많다. 필요를 느끼고 하는 공부이기에 대단히 열심이다.

진학에는 결정적인 때가 없지만, 취업은 때가 있다. 정확하게 말해 적기가 있다는 얘기다. 남들이 부러워하는 직장에 다니며 안정적인 사회생활을 한다는 것은 축복이다. 특히 요즘 같은 시기에는 말이다. 고졸 취업은 '어쩌다 어른'이 되는 것처럼 선택할 수 없는 상황에서 받아들여야 할 대상이 아니다. 대학과 수평적으로 놓인 또 다른 선택지이다.

게다가 고졸이든 대졸이든 우리는 어차피 취업을 해야 한다. 시기만 다를 뿐 인생의 공통 과제임에 틀림없다. 어떤 선택을 하든 우리가 준비할 모든 것은 결국 하나의 목표, 즉 취업을 하고 직업을 갖기 위한 과정이다.

많은 사람이 가는 길이 언제나 좋은 길이라는 법은 없다. 삶에는 정해진 순서가 없고, 남보다 조금 늦는다고 두려워할 필요도 없다. 남들과 비교하지 말고 자신이 가진 소신과 잠재력을 믿고 밀고 나가자. 마냥 뒤처진 것 같은 그 길의 맨 앞에서 자신을 발견하게 될 것이다.

선택에는 이유가 있어야 한다

고졸 취업 현장을 들여다보면 의욕적으로 회사를 잘 다니는 학생들이 있는가 하면, 얼마 다니지 못하고 학교로 복귀하는 학생들도 상당수다. 심지어 출근 하루 만에 그만두고 돌아오는 학생도 있다. 근무 환경이 열악해서, 일이 적성에 맞지 않아서, 관계에 적응하기 힘들어서 등 사연도 제각각이다. 하지만 그 속내를 살펴보면 취업에 대한 분명한 목표가 없다는 게 가장 큰 원인이다. 굳이 취업해야 할 이유도, 간절함도 없는 상태다 보니, 환경이 불만스러우면 벗어나야 할 구실만 찾게 되는 것이다. 이런 학생들의 상당수는 애초에 아무런 목표 없이 특성화고를 선택했고, 취업의 길로 흘러들어 왔으리라 짐작한다. 어떤 의미에서는 취업할 준비가 덜 되었다고도 볼 수 있다.

당장의 취업보다는 자신이 앞으로 무엇을 하며 살고 싶은지 목표를 세우는 것이 우선이다. 목표가 있어야 탄탄한 취업 계획을 세울 수 있고, 그래야만 성공적인 취업이 가능하다. 목표가 없다는 것은 아무 곳에서, 아무 일이나 하겠다는 뜻과 같다. 되는대로 살겠다는 것과 무엇이 다른가. 자신의 인생을 존중하지 않는 것이다. 우리 모두는 각자의 인생에서 주인공이다. 자신이 어떤 환경에서 일하고 어떤 일을 하며 살아갈지를 결정하는 것은 순전히 자신의 노력과 의지에 달렸다. 중요한 선택의 순간마다 상황 뒤로 숨은 채 방관한다면 더 나은 삶을 기대하기 힘들다.

　대학 대신 취업을 하려는 이유가 무엇인지, 많은 특성화고 전공 중에서 왜 그 과를 선택했는지, 그 학교에 가고 싶은 이유는 또 무엇인지. 눈앞에 놓인 결정에 앞서 선택의 이유를 스스로 잘 알고 있어야 한다. 그래야 좀 더 선명한 길이 보인다.

취업에 유리한 학교는
따로 있다

일찌감치 고졸 취업을 목표로 했다면, 무엇보다 고등학교 진학에 대한 고민이 많을 것이다. 선택할 수 있는 고등학교는 일반고 직업반, 특성화고, 마이스터고로 나뉜다. 일반고 직업반은 특성화 프로그램을 함께 운영하는 학교로, 통상 '종합고'를 말한다. 특성화고는 미용, 제빵 등 폭넓은 산업 분야의 직업인 양성에 집중한 학교이다. 마이스터고는 유망 산업 분야의 예비 마이스터 양성을 목적으로 하며, 주로 기술 분야에 집중되어 있다.

일반고 직업반에서도 취업을 준비할 수 있지만, 취업에 특화된 특성화고나 마이스터고가 아무래도 취업률이 높은 편이다. 2017년

11월, 교육부에서 발표한 직업계고 졸업자 취업 통계에 의하면, 마이스터고는 2013년부터 5년 연속 90% 이상 높은 취업률을 달성했다. 그다음으로 특성화고, 일반고 직업반 순이다.

　국내 유일의 반도체 마이스터고인 충북반도체고등학교 학생들은 총 45명을 선발하는 '2017 삼성전자 반도체 Class*'에 무려 18명이 합격했다고 한다. 상황이 이렇다 보니 중학교에 입학하자마자 마이스터고 진학을 준비하는 학생들도 더러 있다. 마이스터고와 특성화고의 인기 있는 전공은 경쟁률도 높고 성적 높은 학생들도 상당수다. 따라서 고졸 취업이라는 확실한 목표를 세웠다면 중학교 내신부터 철저하게 관리해야 한다.

고졸 취업 로드맵의 정석을 따르라

　어느 날 특성화고 경영과에 다니는 1학년 학생이 상담을 왔다. 하고 싶은 분야는 소프트웨어 개발인데, 전공이 맞지 않아 고민이라고 했다. 경영과를 선택한 이유를 물었더니 그냥 성적에 맞춘 거란다. 별다른 고민 없이 상황에 맞춰 진학하면 이렇게 적성과 다른 공부를 어쩔 수 없이 하게 된다. 문제는 이런 학생들이 생각보다 많다는 데 있다.

....

* 전국 마이스터고 반도체 장비 운용 부문 학생들을 반도체 설비 전문가로 양성하기 위한 과정으로 총 45명을 선발한다. 방과 후에 삼성전자에서 요구하는 외국어와 기술 교육을 이수하면 삼성전자 정규직으로 채용된다.

목표가 취업이든 대학 진학이든, 자신이 어떤 직업을 갖고 싶은 지 아는 게 먼저다. 그에 따라 학과와 학교를 정해야 하는데, 현실 은 성적에 학교와 학과를 맞추는 경우가 많다. 그러다 보니 전공에 흥미를 느끼지 못하고 방황하게 되는 것이다.

고졸 취업 로드맵은 자신이 하고 싶은 직업을 찾고 결정하는 것 으로부터 시작된다. 어쩌면 평생 하게 될지도 모를 직업을 짧은 시 간 동안 결정해야 한다는 게 쉽지만은 않다. 문화센터에서 교양 강 좌를 수강하는 것처럼 단순한 재미에 이끌려 선택하면 곤란하다. 먼저 다양한 진로 심리 검사 도구를 활용해 자신을 객관적으로 들 여다봐야 한다. 그다음, 관심 있는 직업을 찾게 되면 좀 더 세부적 으로 직업에 대해 알아보는 과정이 필수다.

다음 단계는 학과를 알아보는 것이다. 3년 동안 배운 것을 토대 로 직업을 갖게 되므로 어떤 선택이 자신에게 유리할지 고민해 봐 야 한다. 예를 들어 IT분야로 취업을 희망하는 학생이라면, 다른 학 과보다 IT 관련 학과로의 진학이 학습이나 취업 측면에서 유리할 것이다. 특히, 관련 학과 전공자만 지원할 수 있거나 우대하는 경우 가 있으므로 세세한 부분을 따져 보는 게 좋다.

마지막이 학교 선택이다. 희망 학과가 설치된 학교는 특성화 고 · 마이스터고 포털 하이파이브(www.hifive.go.kr)에서 볼 수 있다.

'학교정보' 메뉴의 '특성화고' 아래 '학교현황'에서 지역 단위별 (시군구, 소속 교육청), 유형별(특성화고, 마이스터고, 종합고), 설립구분별(공 립, 국립, 사립), 남여구분별(남, 여, 남녀공학) 등 기준에 따라 학과 목록

및 정원 현황을 확인할 수 있다. 검색조건(학교명, 학과명, 키워드)에 따른 검색 기능도 제공하고 있다.

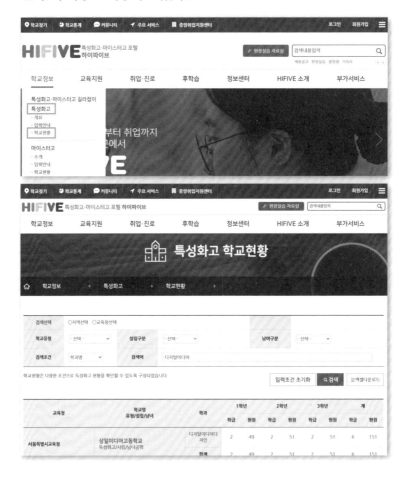

학교 목록을 찾은 후, 세부적인 커리큘럼, 취업 분야 등을 확인하고 자신에게 맞는 학교를 정한다. 조회 결과에서 학교명을 선택하면 학교 소재지를 비롯한 기본 소개와 함께 학과별 교육내용과 취업처 등의 정보를 확인할 수 있다.

가온고등학교 GA-ON HIGH SCHOOL   학교알리미

(사립) (남녀공학) (일반고(졸업고))

📍 주소 [17596] 경기도 안성시 샛터길 46 가온고등학교
📞 교무실 031-674-5024 📞 행정실 031-674-5022 📞 취업부 031-8056-3104 📠 FAX 031-675-5022
🌐 홈페이지 http://gaon.hs.kr

| 메인 | 학교소개 | 학과소개 | 학교현황 | 알림판 | 학교위치 |

◎ **디지털미디어과**

	1학년			2학년			3학년		대표번호	팩스
학급	정원	학생	학급	정원	학생	학급	정원	학생		
2	54	54	2	57	57	2	56	56	031-674-5023	031-675-5022

▪ **교육내용**

웹디자인
컴퓨터그래픽, 멀티미디어 실무, 웹프로그래밍, 웹디자인

편집/출판디자인
컴퓨터그래픽, 출판디자인

디지털영상편집
컴퓨터그래픽, 멀티미디어실무, 디지털콘텐츠제작

전산회계
회계원리, 회계실무, 전사적자원관리(ERP), 세무회계, 원가회계, 상업경제, 경영대요

▪ **취득 가능 자격증**

워드프로세서1급, 워드프로세서2급, 워드프로세서3급, 웹디자인기능사, 전산회계운용사1급, 전산회계운용사2급, 전산회계운용사3급, 전자상거래관리사1급, 전자상거래관리사2급, 전자출판기능사, 정보기기운용기능사, 정보처리기능사, 컴퓨터그래픽스운용기능사, 컴퓨터활용능력1급, 컴퓨터활용능력2급, 컴퓨터활용능력3급, PC활용능력평가시험(PCT), 문서실무사, 인터넷정보관리사, 전산세무회계, 정보기술자격(ITQ)시험, 회계관리

▪ **취업처**

삼성반도체, 하이닉스, 동부일렉트로닉스, 농협, 일동제약, 농심, 대웅바이오, K.C Tech, KCC, 삼성디스플레이, 환인제약, 기업은행, 및 안성지역 우수업체
100%취업

직업에서 학과, 학과에서 학교로 이어지는 3단계 로드맵을 자신의 관심 분야에 맞게 스스로 그려 보는 게 중요하다. 순간의 고민과 선택이 고등학교 생활 3년을 좌우할 뿐만 아니라, 취업에도 영향을 미친다는 점을 명심하자.

학교 선택에서 명심해야 할 것들

의사 결정을 할 때는 눈앞에 보이는 상황만 보기보다는 장기적인 관점에서 생각해 보는 게 중요하다. 학교 선택에서도 마찬가지다. 학교 유형별로 특징이 있고, 학교마다 특색이 있다. 멀리 내다봤을 때 어떤 학교가 자신의 꿈을 이루는 데 도움이 될지 고민하고 판단해야 한다. 학교를 선택할 때 참고할 만한 것들을 살펴보자.

첫째, 홍보 자료에만 의존해서는 안 된다.

홍보 자료는 그 목적에 맞게 평균적인 정보가 아닌 최상의 콘텐츠로 구성된다. 그럴듯해 보이는 문구와 내용이 두드러져 보이기 마련이라 자칫 이면을 간과할 수 있다. 홍보 자료만 보고 입학했는데, 실제로 다녀 보니 안 좋은 점들이 보여 후회했다는 학생들도 종종 보았다. 가능하면 해당 학교에 재학 중인 사람을 만나 좀 더 현실적인 정보를 들어 보는 게 바람직하다. 학교 분위기 같은 것들은 자료를 통해 알 수 없으니 말이다.

둘째, 졸업생들의 진로를 살펴봐라.

졸업생들의 취업 동향을 검토할 때는 취업한 분야뿐만 아니라 취업한 회사가 어딘지를 확인하는 게 중요하다. 그 자체만으로 동기부여가 되기도 하지만, 일을 잘하는 직원이 있으면 그 학교 출신을 뽑는 경우가 종종 있기 때문이다. 선배들 덕을 후배들이 보는 것이다. 선배의 직장이 곧 나의 직장이 될 수도 있기에, 졸업생들의 취업 동향을 면밀히 파악해야 한다.

셋째, 학과 커리큘럼을 확인하자.

비슷해 보이는 학과라도 과목과 수업 방식에 조금씩 차이가 있다. IT고등학교에 다니던 한 학생은 컴퓨터만 배울 줄 알았는데, 납땜도 배워 당황했다고 한다. 자신이 선택한 분야의 학과목에 대해 좀 더 꼼꼼하게 확인해야지만, 입학 후에 실망하거나 당황할 일이 없을 것이다.

넷째, 학교의 특색이 무엇인지 알아보자.

학교마다 내세우는 차별점이 있다. 정책과 연관된 부분도 있고 자체 개발한 프로그램이나 수업 방식 등에서도 강점이 있을 수 있다. 이러한 차별화된 특색은 학생들에게 더 많은 기회를 제공한다. 예를 들어 산학일체형 도제학교*로 선정된 학교의 경우, 학교를 다니면서 기업 현장에서 실무를 경험해 볼 수 있기 때문에, 직무능력 향상과 조기 취업을 동시에 꾀할 수 있다.

다섯째, 통계를 주목하자.

매해 학교마다 취업 통계가 나온다. 통계는 있는 그대로의 사실을 반영한 결과이므로 학교 선택을 하는 데 좋은 참고자료가 될 수 있다. 학교 자체에서 공개한 자료나 학교 알리미 사이트(www.schoolinfo.go.kr)에 공시된 학교 정보를 참고하면 된다.

....

* 독일·스위스의 도제식 현장 교육을 우리나라 현실에 맞게 도입한 제도로, 2020년 3월 기준으로 67개 사업단에서 183개 과정을 운영하고 있다.

취업 준비,
고3에 시작하면 늦다

취업 준비는 언제부터 해야 할까? 많은 학생들이 고3 때부터 하면 된다고 생각한다. 서류 작성과 면접 연습이 전부라고 생각해서 그런 것이다. 하지만 제대로 하려면 준비할 것들이 상당히 많다.

우선, 기본적으로 성적 관리를 해야 하고, 관련 자격증을 취득해야 한다. 공공기관이나 대기업을 목표로 하는 학생들은 인·적성 검사, 토론, 프레젠테이션, 한국사 시험 준비도 필요하다. 여기서 끝이 아니다. 자기소개서 작성이나 면접을 준비하려면 스토리가 중요한데, 스토리는 경험을 통해 만들어진다. 자기소개서에 한 줄이라도 더 쓰려면 동아리, 봉사 활동 등도 한 번씩은 경험해 봐야 한다.

중소기업이 목표라면 이렇게까지 필요하지는 않겠지만, 대기업이나 공공기관을 목표로 한다면 이런 것들은 필수다. 준비해야 할 것들을 하나씩 구체적으로 살펴보자.

내신 성적과 전공 지식 입사 지원에 성적 제한을 두는 기업이 예전보다는 많이 줄어들었지만, 고수하는 기업도 여전히 많다. 성적이 학생으로서의 성실도를 나타내 주는 척도임에는 분명하기 때문에, 성적이 좋으면 그만큼 지원할 기회가 많아지는 현실은 부정할 수 없다. 성적이 좋아야 취업할 수 있는 건 아니지만 말이다.

고졸 경력자로 이직할 때도 성적이 명시된 종합생활기록부를 제출해야 한다. 대졸 채용으로 응시하지 않는 이상 고등학교 성적은 평생을 따라다닌다.

무엇보다 당장 입사를 희망하는 기업이 생겼는데, 성적이 미달하여 지원조차 못 한다면 그것처럼 억울한 경우도 없을 것이다. 목표로 하는 기업이 있다면, 최근 채용정보를 찾아서 성적 제한 기준을 확인해 보고 그에 맞춰 관리해야 한다.

전공 지식도 꾸준히 공부해 둘 필요가 있다. 필기시험을 볼 수도 있고, 면접에서 전공 지식을 물어보는 경우도 많다. 시험 공부로 쌓은 지식은 시험이 끝나면 이내 머릿속에서 사라지게 마련이니, 평소에 꾸준히 기본 개념 위주로 정리해 두는 게 좋다. 특히 전공 분야로 취업을 원한다면 이를 유념하자.

자격증 컴퓨터 활용 능력이나 워드 프로세서와 같은 OA 자격증과 지원 분야 관련 자격증은 기본으로 취득해야 한다. 한국전력의 2021년도 고졸 채용형 인턴 전기(재학) 분야의 모집요강을 살펴보면, 전기 기능사 자격 보유자로 지원 자격에 제한을 두었다.

지원 제한은 아니더라도 가산점을 주는 기업도 많다. 채용에서는 단 1점 차이가 당락을 좌우한다. 남들 다 있는 자격증 하나 없어 가산점 혜택을 못 받는다면, 시작부터 불안할 수 있다.

자격증은 채용공고일 이전에 취득해 놓는 것이 안정적이다. 간혹 접수 마감일까지 취득한 경우를 인정해 주는 곳도 있으니, 채용공고의 유의 사항을 자세히 살펴보도록 한다.

인·적성 검사 어느 정도 규모가 있는 회사를 목표로 한다면 인·적성 검사도 준비해야 한다. 관련된 책들이 시중에 다양하게 나와 있으니, 연습 문제를 통해 미리 적응하도록 하자.

교내외 활동 위의 세 가지가 스펙과 시험을 위한 준비 과정이라면, 동아리 활동, 봉사 활동, 공모전 등의 교내외 활동은 자기소개서를 풍성하게 해 줄 글감이 된다. 단순히 시간 보내기 식으로 참여하기보다는, 원하는 분야의 취업을 염두에 두고 전략적으로 접근하는 게 좋다.

한국사 공기업·준정부기관의 경영에 관한 지침 제19조 3항

(2020.6.5. 개정)에 따르면 다음 내용이 명시되어 있다.

공기업·준정부기관의 장은 소속 직원을 채용하는 경우 한국사 능력을 전형요소에 반영하여 역사인식을 제고하도록 노력하여야 한다.

이러한 지침에 의거하여 상당수의 공공기관이 채용에 있어 한국사를 우대사항으로 반영하여 가점을 부여하고 있다. 한국사를 필기시험 과목으로 채택하거나 아예 지원 자격에 한국사능력검정시험 점수 보유자로 제한을 두는 기업도 있다. 일례로 2021년도 한국자산관리공사 채용형 인턴 모집 요강 중 6급 고졸 부분을 살펴보면, 한국사능력검정시험 4급 이상자로 지원 자격을 제한하고 있다. 이런 추세로 볼 때 한국사는 고졸 취업자에게 선택이 아닌 하나의 필수 스펙으로 자리 잡을 것으로 보여진다.

최근에는 한국사능력검정시험의 급수에 따라 가점을 달리하는 기업도 늘어나는 추세이므로, 가능하면 높은 급수를 따놓는 게 유리하다.

● **한국건강가정진흥원(2021)** 한국사능력검정시험 가점 1급-서류전형 1점, 2급-서류전형 0.5점

영어 고졸 채용의 서류전형에 공인 영어 점수를 요구하는 경우도 종종 볼 수 있다. 한국수력원자력은 2021년도 고졸 수준 신입사원 모집에서 서류전형 필수 제출자료로 토익성적표를 요구했다. 배점(가산점 제외 기준)도 총 100점 중 50점으로 매우 비중이 높았고, 토익 점수가 700점 미만인 경우 불합격 처리됨을 명시했다.

영어는 단시간에 실력이 느는 것이 아니라, 학생들이 쉽게 포기하게 되는 과목이다. 반대로 생각하면, 다른 사람과 점수 차이를 낼 수 있는 전략 과목이라는 뜻이다. 포기하지 말고 꾸준히 공부하자. 좋은 결과를 얻을 수 있을 것이다.

위에 언급한 것들 외에도 시사 상식을 포함하는 기업도 있으니, 평소에 신문을 꾸준히 정독하는 게 좋다.

고3은 준비가 아니라 실전이다

이 모든 것들을 고3이 되어 준비할 수 있을까? 3학년부터는 본격적으로 취업이 시작된다고 봐야 한다. 준비가 아닌 실전이다. 당장 내일이라도 희망 기업의 채용공고가 나올 수 있다. 그런데 지원 자격을 갖추지 못한 상황이라면 기회는 그냥 사라진다. 취업 준비는 자격증처럼 단시간에 좋은 결과를 얻을 수 있는 것이 아니다. 꾸준히 준비해야 하고 차곡차곡 쌓여야 나만의 경쟁력이 발휘되는 것이다. 취업을 목표로 정했다면 하루라도 빨리 준비하라. 그래야 그만큼 더 알차게 준비할 수 있다.

경력을 염두에 두고 준비하라

한번 입사한 회사를 끝까지 다니는 사람이 얼마나 될까? 요즘은 회사의 내부 상황들과 개인적인 사유로 인해 한 직장에서 정년을 채우는 사람들이 많지 않다. 실제로 내가 접했던 수많은 이력서의 주인공들은 두세 번 정도의 이직은 기본이며, 심지어 아홉 번 넘게 옮긴 사람도 있었다.

누구나 한 번쯤 거쳐야 하는 통과의례처럼 이직이 자연스러워지면서, 이직을 가볍게 생각하게 된 것은 부정할 수 없는 현실이다. 하지만 첫 직장을 선택하는 것만큼이나 이직도 신중하게 생각해야 한다. '경력 관리'를 큰 그림으로 놓고 고려해야 하기 때문이다. 일반적으로 경력 관리를 취업 후에 하는 것, 경력자들에게만 해당하는 것으로 생각하지만 그렇지 않다. 경력자로서의 이직 단계가 아닌, 첫 직장을 선택하기 전부터 시작해야 한다. 물론, 고졸 취업자도 예외는 아니다.

내가 컨설팅을 했던 사람들의 사례를 몇 가지 얘기해 보겠다. 이를 통해 경력 관리를 첫 직장 선택 전부터 해야 하는 이유와 경력을 염두에 두고 취업을 해야 하는 이유에 대해 생각해 보길 바란다.

● **5년 경력을 허공에 날린 A** 5년 넘게 프로그래머로 경력을 쌓아온 A는 업무가 자신과 맞지 않는다는 것을 뒤늦게 깨달았다. 일은 점점 재미없어지고 건강도 나빠지는 자신의 모습을 보면서 다른 일을 해 봐야겠다는 생각이 들었다. 고민 끝에 회계 분야로 재취업을 결심했다. 학창 시절에 수학도 잘했고, 숫자와 관계된 일에 흥미를 느끼고 있었기 때문이다.

회사에 다니는 시간만큼 경력은 쌓이게 마련이고, 직급과 연봉도 달라진다. A가 남들보다 5년 늦게 회계 분야로 재취업한다면, 프로그래머로서의 경력은 포기하고 신입으로 다시 시작해야 한다는 걸 의미한다. 지금까지 쌓아온 경력이 회계와는 무관한 일이었으니 말이다.

● **잘못된 이직으로 경력이 꼬여 버린 B** 명문대를 나온 B는 대기업 연구원으로 몇 년간 일했다. 어느 날, 학원을 운영하는 지인의 부탁으로, 파트

타임 강사 일을 시작했다. 일하다 보니 강사 월급이 직장인보다 더 낫다고 생각하고서는, 급기야 회사를 그만두고 전업 강사가 되었다. 그런데 얼마 후, 주변에 경쟁 학원이 많이 생기는 바람에 학원이 어려워졌다. 회사로 돌아가야 되겠다 싶어 이력서를 수없이 제출했지만, 연락 오는 곳은 단 한 군데도 없었다. 그러는 사이 공백 기간만 길어졌다.

업계에서는 흔히 이런 경우를 들어, '경력이 꼬였다'고 표현한다. 경력이 뒤죽박죽된 모양새인데, 기업에서 경력자를 채용할 때는 일관성 있게 경력을 쌓은 사람을 선호한다. 그러므로 지원 직무와 관련 없는 경력이 길면 길수록 원래 했던 업무로 복귀할 수 있는 확률은 그만큼 낮아지게 된다. 게다가 구직으로 인한 공백 기간 또한 약점으로 작용할 수밖에 없다.

● **타 산업으로의 이직이 어려운 C** 남들보다 빨리 직장 생활을 하고 싶어 특성화고 경영학과에 진학한 C는 졸업 후 호텔 회계 부서에 입사했다. 야간 대학을 다니며 학위도 취득하고 꾸준히 자기 관리를 했다. 그러던 중 호텔 경영 상태가 점점 나빠졌고, 다른 업종으로 이직을 고려하게 되었다. 서비스 분야보다는 반도체 · 전자 분야의 전망이 괜찮다기에 그 분야의 회계 경력직에 수차례 지원해 봤지만, 서류조차 통과되지 않았다.

경력직 채용은 신입 채용과 비교하면 채용 기준이 분명하게 제시된다. 그중에서도 특히 산업 분야는 중요하게 생각하는 기준 중

하나이다. 기왕이면 동종 업계 출신자를 선호하는 이유는, 같은 업무라도 산업에 따라 상황과 역할이 다르기 때문이다. 예를 들어 반도체 회사에서 영업 사원을 채용해야 하는데, 교육 분야에서 영업 경력을 쌓은 사람과 전자 분야에서 영업했던 사람 중 누굴 더 선호할까? 정답은 물어볼 것도 없이 후자이다. 관련 업계 인맥이 필요함은 물론이고, 제품이나 용어에 대해서도 잘 아는 사람이 훨씬 유리하다. 전자 회사에서 회계 경력자를 뽑을 때도 마찬가지로, 동종 업계에서 근무해 본 사람을 선호한다.

신입 사원의 경우 이력서와 면접이 당락의 변수가 될 수 있다. 하지만 경력직은 다르다. 어떤 이력을 쌓아 왔는지보다 더 객관적으로 지원자를 보여 줄 수 있는 경쟁력은 없다. 이 때문에 차후 이직을 전제로 경력 관리에 공을 들여야 하고, 성공적인 경력 관리의 출발점은 첫 단추를 어떻게 잘 끼우는지에 달려 있다. 이는 시작하는 여러분에게 해당하는 얘기다.

이제, 취업 전에 미리 경력을 고민해 봐야 한다는 말의 의미를 어느 정도 이해할 수 있을 것이다. 나와는 상관없거나 먼 미래의 일이라고 가볍게 치부하기보다는 앞선 사례의 주인공들처럼 후회하지 않도록 출발선에서 좀 더 많은 고민을 할 수 있길 바란다.

세상은 넓고
회사는 많다

"어떤 회사에 입사하고 싶어?"

"삼성이요." "한국전력이요."

"왜 그 회사에 가고 싶은데?"

"…"

취업 준비를 하는 학생들을 만나면 입사하고 싶은 회사를 가장 먼저 물어보게 된다. 재미있는 사실은, 어딜 가든 학생들 대답에는 거의 차이가 없다는 것이다. 즉, 우리가 이미 잘 알고 있는 회사에서 크게 벗어나지 않는다. 그런데 그 회사에 가고 싶은 이유에 대해 명쾌하게 대답하는 경우는 거의 보지 못했다. 가고 싶은 회사는 있는데 이유는 '모르겠다'인 거다. 왜 다들 삼성 아니면 한전일까? 월급을 많이 줘서 혹은 복지가 좋아서, 그도 아니면 남들이 좋다고 해서일까? 이런 회사 말고는 아는 회사가 별로 없어서인 것 같기도 하다. 그러다 보니 자주 들어 본 기업이 좋은 기업이라는 이상한 등식이 머릿속에 박혀 있다.

직업에 대해서도 마찬가지다. 학생들이나 부모님들에게 알고 있는 직업을 써 보라고 하면 몇 개 적지를 못한다. 게다가 그 내용도 모두가 비슷하다. 한국직업사전에는 무려 1만6천 개가 넘는 직업이 수록되어 있다(2019년 말 기준 16,891개). 이렇게 많은 직업이 있는데도 몇십 개의 직업이 전부인 양 그 안에서만 힘들게 경쟁하고 있는 셈이니 경쟁이 치열할 수밖에 없다.

세상에는 무수히 많은 기업이 있고, 학생들이 가고 싶어 하는 극소수의 기업 외에도 좋은 기업이 많다. 하지만 사람들은 자신이 알고 있는 회사가 세상의 모든 회사이고, 최고의 회사인 것처럼 생각한다. 우물 안 개구리처럼 말이다. 우리에게 익숙한 기업에 취업을 한 사람과 그렇지 않은 사람을 바라보는 시선에 온도 차가 있는 것도 이 때문 아닐까?

끊임없이 자신에게 '왜 그 회사여야 하는가?' 질문을 던져 보면서 시야를 넓혀 가자. 세상은 넓고, 자신의 꿈을 이룰 수 있는 회사는 생각보다 더 많다. 어쩌면 익히 알던 그 회사가 아닌 뜻밖의 회사를 발견하게 될 수도 있다. 자신을 작은 우물 안에 가두지 않는다면 말이다.

직업은 끊임없이 탄생하고 소멸하는 생명체이다

2016년 3월, 이세돌과 알파고가 벌이는 세기의 대결에 세상이 후끈 달아올랐다. 인간과 인공지능 로봇의 대결이라는 점에서 세간의 관심을 모으기 충분했다. 하지만 사람들의 응원과 기대에도 불구하고, 아쉽게도 알파고가 승리하며 막을 내렸다. 이후로 '알파고 신드롬'이라는 말이 나올 정도로 사람들은 인공지능 로봇에 열광하고 있다. 핀테크, 드론, 3D프린터, 무인 자동차 등 SF영화에서나 들었음 직한 신기술을 이제는 일상 속에서 실제로 접하고 있다.

10년 뒤를 한번 상상해 보자. 지금보다 더 다양한 최첨단 기술이 우리 삶을 변화시킬 것이다. 더욱 편하게, 더욱 빠르게. 하지만 다른 관점에서 보면 기존의 일자리가 점점 사라진다는 의미이기도 하다. 이 때문에 알파고 신드롬을 그저 가벼운 호기심이나 기대에 찬 마음으로 바라볼 수만은 없는 노릇이다. 은행만 보더라도, 예전엔 창구 직원들이 하던 공과금 수납을 이제는 기계가 대신 처리하고 있다. 마찬가지로, 현재 잘나가는 직업이 앞으로도 계속 잘나가리라는 보장이 없다. 직업은 기술의 발전과 함께 변화하고, 새로이 생겨나고, 또 완전히 없어지기도 하는 생명체이다.

2016년 스위스 다보스에서 열린 세계경제포럼에 의하면, 그해 초등학교에 입학한 학생들의 65%는 입학 당시 존재하지 않았던 직업을 갖게 될 것이라고 한다. 고졸 취업을 준비하는 우리에게도 이 전망이 시사하는 바가 크다. 이제는 장기적인 안목을 가지고 직업을 선택해야 할 때이다.

Chapter 2.
정보력으로
닦는
취업 기본기

요즘은 과거보다 고졸 취업이 더 어려운 상황이라서 모두 다 좋은 곳에 취업할 수는 없지만, 좋은 회사에 취업을 못 하더라도 중소기업에 가서 열심히 일하면 나중에 그 경력으로 더 좋은 회사에 경력직으로 갈 수 있어요. 오히려 기술을 배우기에는 대기업이나 공기업보다는 중소기업이 더 좋다고 하니까 자신이 처한 환경에서 최선을 다하는 게 가장 좋다고 생각해요. - 박재민(삼성전자 입사)

기업 유형부터
알아보자

　셀 수 없이 많은 기업만큼이나 기업의 특성도 다양하다. 그중 기업 유형은 기업을 이해하는 첫 단추라고 볼 수 있다. 아무리 대기업이 좋다 해도 개인의 성향이나 추구하는 바와 상충한다면 수십 가지의 장점도 누군가에게는 쓸모없을 뿐이다. 어렵게 들어간 대기업이나 공공기관을 얼마 못 가 그만두는 사람들이 있는 이유가 바로 그것이다. 중소기업이라면 마냥 열악할 것 같지만 만족하며 다니는 사람도 상당수이다.

　기업 유형과 그에 따른 특징을 알아보면서 어떤 형태의 기업이 자신에게 맞는지 가늠해 보도록 하자.

공공기관　공공기관이란 정부의 투자·출자 또는 정부의 재정 지원 등으로 설립·운영되는 기관으로서, 매년 공공기관운영위원회를 통해 심의하여 발표한다. 2021년 기준으로 총 350개 기관이 공공기관 운영법상 관리대상으로 지정되었다. 정원과 자산, 수입액 비율에 따라 크게 공기업, 준정부 기관, 기타 공공기관으로 분류할 수 있으며, 상세 분류 기준 및 현황은 다음과 같다.

공공기관 분류 기준 및 현황

구분		내용	현황
공기업		정원이 50인 이상이고, 자체 수입액이 2분의 1 이상인 공공기관 중 기획재정부 장관이 공기업으로 지정한 기관	총 36개
	시장형	자산 규모가 2조 원 이상이고, 총 수입액 중 자체 수입액이 85% 이상인 공기업 (예:한국전력공사)	총 16개
	준시장형	시장형 공기업이 아닌 공기업(예:한국조폐공사)	총 20개
준정부기관		정원이 50인 이상이고, 공기업이 아닌 공공기관 중 기획재정부 장관이 준정부기관으로 지정한 기관	총 96개
	기금 관리형	국가 재정법에 따라 기금을 관리하거나, 기금의 관리를 위탁받은 준정부기관(예:국민연금공단)	총 13개
	위탁 집행형	기금 관리형 준정부기관이 아닌 준정부기관(예:한국장학재단)	총 83개
기타 공공기관		공기업, 준정부 기관이 아닌 공공기관(예:한국수출입은행)	총 218개

최신 공공기관 현황과 유형별 기관 목록은 공공기관 경영정보

공개시스템인 알리오(www.alio.go.kr)에 접속하면 '알리오안내'의 '공공기관 현황' 메뉴 하단에서 공공기관 지정 현황을 다운로드할 수 있다.

한 가지 신경 써서 봐야 할 것은, 해당 기관의 주무기관이다. 같은 시장형 공기업이라도 한국공항공사는 국토교통부 소속이고, 부산항만공사는 해양수산부 소속이다. 실제 면접에서도 지원한 기관의 주무기관을 묻는 경우가 있으니, 공공기관을 준비하는 학생들은 주의 깊게 보도록 하자.

국가 정책상, 고졸 취업자들의 공공기관 채용 기회는 상대적으로 많은 편이다. 안정성 때문에 학생들이 선호하는 직장이기도 하다. 기관의 소재지에 따라 거주지와 무관한 곳에 배치될 수 있지만, 기숙사나 사택이 제공되는 경우가 많으니 크게 걱정할 건 없다.

대기업 학생들에게 왜 대기업에 취직하고 싶냐고 물으면 이렇게들 답한다. "안정적이니까요." "안 망하잖아요." "월급이 세잖아요."

학생들이 알고 있는 것처럼 대기업은 정말 안정적이고, 망하지 않고, 월급도 높을까? 표면적으로만 보면 그렇게 생각할 수 있다. 나 또한 예전에는 학생들의 생각과 크게 다르지 않았다. 그런데 대기업을 다녀 보고 취업 관련 일도 해 보게 되면서, 꼭 그렇지만은 않다는 사실을 알게 되었다.

학생들이 알고 있는 대기업에 대한 생각을 하나씩 짚어 보자. 먼저 급여 부분을 보면, 대기업이라고 해서 꼭 급여가 많은 건 아니다. 오히려 중소기업보다 급여가 낮은 대기업도 많다. 안정성은 어떨까? 대기업이 부도난 사례도 분명 존재할뿐더러, 정리해고나 희망퇴직으로 하루아침에 실업자가 되었다는 얘기는 더 이상 뉴스거리도 아니다. "대기업 가면 뭐 하나. 나중에는 닭이나 튀길 텐데."라는 회의적인 얘기도 이따금 나오니 말이다.

그럼에도 불구하고 대기업의 가장 큰 장점을 꼽으라면 업무가 체계적이고 업무 분담이 잘 되어 있다는 점이다. 달리 말하면 업무에서의 전문성을 키울 기회가 많다는 얘기다. 인사(HR, Human Resources) 업무를 한번 예로 살펴보자. 보통은 채용 업무만을 떠올리기 쉬운데, 대기업의 경우는 인재개발, 인적자원관리, 인사기획, 채용 등을 담당하는 사람으로 세분되어 있다. 그렇다 보니 경력이 쌓일수록 해당 분야의 전문성을 키우기가 수월한 편이다.

아울러 주택자금 대출, 학자금 지원, 인센티브 등 다양한 성과에 대한 보상과 복지혜택을 생각하면 매력적인 직장임엔 분명하다.

금융권 고졸 인재를 많이 채용하는 분야 중 하나가 금융권이다. 금융권 중 상당수가 대기업에 포함되지만, 금융 분야가 워낙 특수하다 보니 분리해서 생각하는 경우가 일반적이다.

금융권이라고 하면 흔히 은행을 먼저 떠올리는데, 은행뿐만 아니라 증권, 보험 등의 회사들도 금융권에 속한다. 흔히 말하는 제1금융권은 은행을 말하며, 제2금융권은 은행을 제외한 다른 금융 회사를 통칭하여 부르는 말이다. 보험, 증권, 자산운용회사, 저축은행,

신용협동기구, 여신전문금융회사 등이 제2금융권에 속한다. 우리 은행, 국민은행 등은 대표적인 제1금융권이고, 삼성화재, 교보생명, 대신증권 등은 제2금융권이다. 금융감독원에서 운영하는 금융통계 정보시스템(fisis.fss.or.kr)을 접속하면 권역별 회사 현황 및 목록은 물론이고 자본, 매출 및 임직원 현황까지 확인할 수 있다.

고졸 취업자들이 많은 관심을 두고 준비하는 은행의 경우, 자격증 개수보다 은행에 대한 관심을 보여 주는 게 중요하다고 인사 담당자들은 말한다. 이를 반영하듯 기업은행의 이력서 양식에는 금융 자격증 기입란이 아예 없다. 해당 업종과 지원 직무 분야에 대한 의지를 설득력 있게 드러내는 데 초점을 맞춰 준비하도록 하자.

중소기업 중소기업이라면 무조건 지원을 기피하는 학생들이 있다. 열악하다는 이유 때문이다. 하지만 내실 있고 안정적인 중소기업들이 의외로 많으며, 웬만한 대기업보다 연봉이 많은 기업도 상당수다. 대기업에서 중소기업으로 이직할 만큼, 업계에서는 기술력이나 근무 조건으로 소문난 회사들도 쉽게 찾아볼 수 있다. 그러니 대기업이라고 무조건 선호할 이유도, 중소기업이라고 피할 이유도 없다.

다만, 대기업에 비해 적은 인원으로 회사가 운영되다 보니 총무 담당자가 인사 업무까지 해야 하는 등, 업무 범위가 넓은 경우도 종종 있다. 하지만 생각하기에 따라서는, 다양한 업무를 경험해 볼 수 있는 것이 장점이 되기도 한다. 중소기업 경력을 우대하는 채용 사례도 있으니 중소기업에서 경력을 쌓고 이직하는 것도 하나의 전략으로 이용할 수 있겠다.

중소기업의 경우, 대기업 채용처럼 인·적성 검사 도구를 개발하여 활용하기보다는, 면접 중심으로 인재를 선발하는 경우가 많다. 업종과 직무에 맞는 독특한 면접 방법으로 인재를 선발하는 곳도 있다.

개인기업 개인기업은 기업 운영에 필요한 자본 전액을 개인 또는 그 가족이 출자하고, 경영의 책임을 지는 기업 형태이다. 대체로 소규모이다 보니 사장의 지시에 따라 임무가 맡겨지는 경우가 대부분이고, 사장에게 직접 보고하는 경우도 많다. 중소기업보다 더 멀티플레이어를 요구하기도 한다. 큰 조직보다는 가족적인 분위기를 선호하는 사람들에게 제격이다.

특성상 바로 실무에 투입될 사람을 뽑는 경우가 많아 채용 프로세스가 대부분 서류, 면접만으로 간단하게 끝난다. 자체 지원서 양식을 갖추고 있는 곳이 드물어서 특별한 요구가 없다면 자유 양식으로 제출해도 무방하다. 기숙사나 사택 제공이 어려우므로, 통근 거리가 중요한 선발 기준이 될 수 있다.

기업 파악은
기본 중의 기본

본격적으로 이력서를 작성하기에 앞서 해야 할 일이 있다. 바로 기업 공부다. 대다수의 학생들이 지원 회사에 대한 정보도 없이 입사 지원을 한다. 최소한 그 회사가 어떤 업종에 속하는지, 어떤 제품을 판매하는지 등은 알고 있어야 하는데도 말이다. 기업을 이해하며 취업을 준비하는 것과 그렇지 않은 경우는 채용 결과는 물론이고, 입사 후 업무 적응력에도 상당한 차이가 있다. 한국산업단지공단의 필기전형 과목에 공단 상식이 포함된 것처럼, 필기시험에 아예 기업 상식을 포함하는 사례도 있다. 기업에 대한 지식은 이제 선택이 아닌 필수라는 인식이 반영된 것 아닐까?

기업 공부가 필요한 건 알지만, 막상 무엇부터 공부해야 할지 막막할 것이다. 고졸 취업에서는 다음에서 제시하는 정도면 충분하니 이것들만이라도 정확하게 알고 가도록 하자.

제품(서비스) 및 사업 영역 파악이 먼저다

기업 정보 중 가장 중요한 것을 하나 꼽으라면 단연 제품 정보다. 어떤 기업인지를 알려면 팔고 있는 제품 또는 서비스를 제일 먼저 봐야 한다. 이에 대한 정보는 대부분 홈페이지에 친절하게 소개되어 있다.

사업 영역도 중요하다. 한 가지 영역에만 집중하는 회사도 있지만, 규모가 큰 회사들은 사업 영역이 넓은 편이다. 삼성물산만 보더라도 크게는 건설, 상사, 패션, 리조트 등의 다양한 사업 영역을 가지고 있다. 어떤 사업을 하는지는 기업의 전망이나 비전과 연관된 부분이기 때문에, 궁극적으로는 내가 입사한 후의 비전을 세우는 데도 도움이 될 수 있다.

어떤 역할을 하는 곳인가

이 책을 읽는 독자 중에는 공공기관 채용을 준비하는 학생들이 다수일 것이라 짐작된다. 공공기관은 사기업과는 다른 공공성을 가지고 있으므로 채용 준비에서도 접근을 달리해야 한다. 다른 무엇보다 명확하게 알아야 하는 것은 해당 기관의 설립 목적, 즉 어떤 역할을 수행하기 위한 곳인지다. 최근 들어 NCS 기반 자기소개서에 지원 기관의 역할을 묻는 항목이 등장할 만큼, 지원 기관과 관련된 정보의 중요도가 높아지고 있다. 기관 홈페이지에 접속하면 해당 기관이 어떤 목적으로 설립되었으며, 어떤 서비스를 하고 있는지 소개하고 있으니 참고하도록 하자.

연혁을 파악해라

놀이동산으로 유명한 에버랜드의 사명이 삼성물산임을 아는 사람은 많지 않을 것이다. 동화부동산으로 출발한 삼성에버랜드는 2014년에 제일모직으로 사명을 변경했다. 이후 2015년에 삼성물산과 합병한 뒤 제일모직은 사라졌다. 우리가 알고 있던 삼성에버랜드를 검색하면 이제는 삼성물산으로 결과가 나온다. 이러한 연혁을 알고 있다는 것은 지원 회사에 얼마나 열정을 가지고 준비했느냐를 보여 주며, 면접에서도 다른 지원자와의 차이를 만들어 낸다. 기업에 대한 관심 없이는 모를 수밖에 없는 정보이기 때문이다.

누구를 대상으로 한 제품(서비스)인가

기업에서 만드는 제품 중에는 일반 소비자가 대상인 제품도 있지만, 기업들을 대상으로 하는 제품들도 있다. 예를 들어 다리미, 세

탁기, 냉장고 등은 일반 소비자가 주 고객인데 반해, 반도체 같은 부품은 일반 소비자 대상이 아니다. 경제 용어로 전자는 B2C(Business to Consumer), 후자는 B2B(Business to Business)라고 얘기한다.

이렇게 제품이 누구를 대상으로 만들어지고 판매되는지를 아는 것도 기업을 이해하는 데 도움이 된다. 대졸 취업이나 경력직 채용의 경우는 소비자층에 대해 좀 더 심도 있게 공부해야 하지만, 고졸 취업을 준비한다면 이 정도만 파악해도 훌륭하다.

갤럭시와 휴대폰은 다르다

"너희들 삼성전자에서 어떤 제품을 파는지 알고 있니?"

"갤럭시요." "지펠이요."

의외로 많은 학생들이 이렇게 답한다. 그런데 갤럭시와 지펠은 정답이 아니다. 뭐가 틀렸을까? 갤럭시는 삼성전자의 휴대폰 브랜드명이고, 지펠도 삼성전자에서 만든 냉장고의 브랜드명이다. 제품과 브랜드는 비슷해 보이지만 분명 다르다.

실제 면접 현장에서 지원자가 자사 제품에 대해 얼마나 알고 있는지를 이러한 질문으로 확인한다. 언뜻 들으면 아주 쉬운 질문 같지만, 지원자의 상당수는 제품과 브랜드를 혼동해서 답한다. 제품을 물었음에도 브랜드를 대답하는 것이다. 사소하지만 그 차이를 알고 제대로 대답하는 사람과 그렇지 않은 사람은 전문가 입장에서 분명히 다르게 보이게 마련이다. 그러니 기본적인 것부터 제대로 알고 가는 게 중요하다. 자, 테스트를 한번 해 보자. 신라면과 라면, 농심은 각각 뭐라고 불러야 할까?

경쟁사를 파악해라!

경쟁사 파악은 해당 산업에 대한 이해를 넓히는 데 상당한 도움이 된다. 거의 모든 회사는 경쟁 업체가 있다. 우리가 자주 먹는 라면을 생각해 보자. 취향에 따라 선택할 수 있게 다양한 라면이 출시되고 있는데, 한 업체에서 독점으로 만들지 않는다. 또한, 우리나라에서만 생산되는 제품도 아니라, 경쟁 업체의 범위를 넓게 보면 해외에서도 찾아볼 수 있다.

회사의 규모나 재무구조까지는 모르더라도, 적어도 경쟁 제품을 만드는 회사가 어떤 곳이 있나 정도는 파악해 두는 게 좋다. 경쟁 제품에 관한 질문이 면접에서 나올 수 있다.

그런데
무슨 일을 하는 거죠?

어떤 업무를 하는지도 모르고 지원하는 것은 그 자체로 문제가 있다. 자기소개서나 면접에서는 꼭 그 일을 하고 싶다면서 말이다. 예컨대, 은행 텔러직에 지원하면서 텔러가 어디에서 어떤 일을 하는지 모른다는 게 말이 되는가? 면접 현장에서도 직무 이해도에 관한 질문이 자주 등장하는 만큼, 직무 파악은 기본 중의 기본이다.

예전에는 직무와 관련된 정보가 부족했고, 채용공고에서조차 직무를 상세하게 설명하지 않았다. 그러다 보니 어렵게 입사해서 업무가 맞지 않는다는 이유로 중도 퇴사하는 사람들이 적지 않았다. 회사나 개인 모두에게 결과적으로 손해이다. 이러한 상황을 방지하기 위해 기업들은 자사의 직무에 대해 적극적으로 알리기 시작했다. 여기에 직무 정보를 얻을 수 있는 몇 가지 방법을 소개한다.

기업 제공 직무 정보 같은 직무라도 기업에 따라 하는 일과 범위가 조금씩 다르다. 그러므로 가장 좋은 자료는 지원하려는 회사에서 제공하는 직무 정보이다. 텍스트 위주로만 소개되었던 직무 정보가 최근에는 동영상, 웹툰, 인터뷰 등으로 제공 형태가 다양해졌고, 채용 페이지를 별도로 운영하면서 직무 정보를 적극적으로 제공하고 나선 기업도 많아졌다.

기업 사보 관심 있는 기업과 직무 분야가 있다면, 해당 기업에서 발행하는 사보에 관심을 가져 보는 게 좋다. 사보는 다양한 분야의 콘텐츠를 담고 있는데, 직원 인터뷰는 빠지지 않는 내용 중 하나이다. 딱딱한 직무 설명이 아닌, 직무 담당자의 생생한 현장 이야기를 통해 직무 정보를 얻을 수 있다는 게 가장 큰 장점이다. 이뿐만 아니라 회사 문화, 업계 트렌드 등의 부수적인 정보도 얻을 수 있다.

사원들에게 사내 소식을 전하는 게 본래 목적이지만, 기업의 홍보 수단으로도 많이 이용되고 있다. 이 때문에 특별한 경우를 제외하고는 대부분의 회사가 기업 사보를 공개하고 있다. 예전에는 한정된 부수의 책자로만 제공되었으나, 지금은 온라인에서 파일 형태로 배포하는 기업이 많아졌다. 메일링 서비스가 있다면 구독 신청을 통해 정기적으로 받아 보는 것도 좋은 방법이다.

워크넷 앞서 소개한 것들은 개별 기업에서 자체적으로 만든 콘텐츠로, 해당 기업에 최적화된 직무 자료를 얻는 방법이다. 반면에 고용노동부와 한국고용정보원이 운영하는 워크넷(www.work.go.kr)은 직무를 일반적으로 파악하기 위한 폭넓은 자료를 제공하고 있다. 직무 정보뿐만 아니라 구인·구직 정보, 직업 정보, 직업심리검사 등 취업에 대한 다양한 자료를 얻을 수 있다.

책 내가 원하는 분야에서 활동했던 사람이 쓴 책도 해당 직무를 파악하는 데 상당한 도움이 된다. 짧은 시간 동안 가장 효율적으로 많은 정보를 얻기에는 책만 한 것이 없다.

영화/드라마 직장인들의 삶과 애환을 현실적으로 그려 많은 사람의 공감을 불러일으켰던 〈미생〉이라는 드라마를 기억할 것이다. 드라마의 주요 배경은 종합상사였다. 사건의 전개가 회사를 중심으로 이루어지다 보니 주인공들의 담당 업무가 제법 비중 있게 다뤄졌다. 또한, 실재하는 종합상사를 그대로 본떠 세트장을 만든 만큼, 근무하게 될 환경까지도 간접적으로 경험해 볼 수 있던 더없이 좋은 드라마였다. 이처럼 영화나 드라마 속 등장인물들을 관찰하다 보면, 어렴풋하게나마 직업을 이해하는 데 도움이 된다. 다만, 예전에는 좋아하는 주인공을 주로 집중해서 봤다면, 이제는 취업 준비생의 시각으로 시청해 보길 권한다. 관심사에 따라 눈에 들어오는 부분도 달라질 것이다.

현직에 있는 사람과의 만남 현장에서 내가 원하는 일을 하는 사람 혹은 내가 가고자 하는 회사에 근무하는 사람의 얘기만큼 시행착오를 줄여 줄 수 있는 정보는 없다. 여건만 된다면 가장 추천하고 싶은 방법이다. 또한, 채용에 관한 알짜 정보를 얻을 기회도 된다. 예를 들어, 올해 정년퇴직자가 많아 대규모의 신입 채용이 있을 거라는 정보는 회사에 몸담고 있는 사람에게만 들을 수 있는 고급 정보이다.

다만, 경험자의 얘기라도 전적으로 그 사람의 생각과 의견에 휘둘리지 말고 중심을 가지고 들어야 한다. 회사 혹은 업무와 잘 맞느냐는 지극히 상대적이기 때문이다. 남들이 안 좋다고 해도 나한테는 잘 맞는 업무일 수 있고, 그 반대일 수도 있다. 무조건 경험자의 생각에 동조할 필요는 없다.

채용공고 채용공고의 직무 설명도 예전보다 자세해졌다. 적어도 지원하는 분야에서 어떤 일을 하는지 정도는 채용공고를 통해서도 수월하게 파악할 수 있게 된 것이다. 공공기관 채용을 준비하는 사람들이라면, 채용공고에 첨부된 '직무 설명서'에서 상세한 정보를 얻을 수 있다. 이 부분은 책의 후반부에서 다시 설명할 것이다.

취업에 왕도는
여럿 있다

스마트폰 애플리케이션 중에 길 찾기 애플리케이션이 있다. 출발지와 도착지를 입력하면 목적지에 갈 수 있는 여러 가지 경로들을 추천해 준다. 내가 가려는 목적지를 단번에 찾아가면 좋겠지만, 그럴 수 없을 때는 다른 경로와 방법을 찾아봐야 한다. 중요한 건, 어떻게 가든 소요시간만 조금 다를 뿐, 결국 목적지에 도착할 수 있다는 사실이다.

취업도 이와 비슷하다. 원하는 회사를 한 번에 입사하면 얼마나 좋을까. 하지만 말처럼 쉽지 않은 일이다. 그래서 플랜 B, 말 그대로 첫 번째 계획이 성공하지 못했을 때를 대비해 다음 계획을 세워 두는 전략이 필요하다. 때에 따라서는 이런 전략이 더 좋은 결과로 이어지기도 하고, 뜻밖에 더 빠른 샛길을 발견하기도 한다. 명심하자. 길은 하나만 있는 게 아니다!

교육 연계를 통한 정규직 입사를 노려라

전문 인력 양성 과정을 통해 정규직 채용의 기회를 주는 기업들이 있다. 전문 기술을 체계적으로 배우고 정규직 채용까지 보장되는 그야말로 더없이 좋은 프로그램이다. 다만, 과정 지원 자격에 제한이 있고, 일반 채용과 동일하게 시험과 면접을 거쳐야 한다.

대표적인 예로, 현대차가 시행하고 있는 'HMC영마이스터' 제도가 있다. 현대차는 2011년 교육과학기술부와 마이스터고 산학협력 MOU를 맺고, 2012년부터 금형·보전분야에서 맞춤형 우수 인재를 육성·선발하고 있다. 현대자동차와 MOU가 체결된 마이스터고 재학생 중 학교장 추천을 받은 경우만 지원할 수 있는데, 선발되면 2년 동안 500만 원을 지원받게 된다. 이뿐 아니라 양성 과정을 수료하면 소정의 채용* 절차를 거쳐 기술직 사원으로 채용된다.

CJ대한통운도 2012년부터 물류 특성화고·마이스터고와 업무 협약을 체결하고 실습 위주의 맞춤형 인턴십 교육 프로그램인 주

* 상세 모집 요강은 현대자동차 채용 홈페이지(recruit.hyundai.com)의 '입사지원' 메뉴에서 '공고지원' 아래 '기타'를 참고하기 바란다.

니어 트랙(Junior-Track)을 운영하고 있다. 주니어 트랙은 마이스터고와 특성화고 우수 재학생을 선발하여 현장 실습을 거친 후 졸업과 동시에 입사 기회를 제공하는 우수인력 확보 프로그램이다.

아무리 좋은 기회가 있어도 자신에게 해당하지 않는다면 무의미하다. 기회를 얻고자 한다면 특성화고 진학 전부터 이런 프로그램에 관심을 두고 자격 요건에 맞게 진로를 설계해야 한다.

산학일체형 도제학교, 일과 학습을 병행해라

산학일체형 도제학교는 일·학습병행제의 일환으로 실시되고 있는 교육훈련 제도로서 독일·스위스의 도제식 현장 교육을 우리나라 현실에 맞게 도입한 정책이다. 학교에서는 이론과 기초 실습을 하고, 기업에서는 기업 현장교사로부터 심화 훈련을 받는 식으로 운영된다. 고등학교 2학년부터 시작하다 보니 모든 절차와 자격이 기존의 현장 실습과 비교했을 때 더욱 엄격하게 관리되고 있다. 모든 학교가 도제학교를 운영하지 않을뿐더러 도제학교와 협약을 맺는 기업들도 까다로운 절차와 기준을 통과해야만 선정될 수 있다. 기업 현장교사 또한 높은 기준으로 선발된다. 해당 분야의 경력을 3년 이상 갖춰야 하고, 기업현장양성교육을 수료해야만 비로소 현장교사로서 활동할 수 있다.

산학일체형 도제학교의 학생은 '학습근로자'로 불린다. 학습근로자가 되면 실무 중심의 역량을 키울 수 있을 뿐만 아니라, 해당 분야의 기능사 자격증 등 일정 요건을 갖추면 산업기능요원 병역 특례 혜택도 받을 수 있다. 그야말로 일, 학습, 병역까지 잡을 수 있는 정책이다.

학습근로자가 되고 싶다면 도제학교로 선정된 학교에 진학하는 게 우선이다. 해당 학교는 특성화고 · 마이스터고 포털인 하이파이브(www.hifive.go.kr)에 접속하여 '학교마당' 메뉴에서 '도제학교'를 선택하면 확인할 수 있다.

기능경기대회, 입상에서 취업까지

몇 년 전부터 삼성전자, 현대중공업, LG전자 등의 대기업들은 기능경기대회 후원기업으로서 대회 입상자들에게 취업 지원 및 우대 혜택을 주고 있다. 대회 입상으로 실력이 이미 검증된 만큼, 기업체에서는 선호할 수밖에 없다. 일례로 LG화학은 2017년도 전기기기, 메카트로닉스, 폴리메카닉스 부문 채용에서 전국기능경기대회 입상자를 대상으로 특별채용을 진행한 바 있다. 이처럼 기능경기대회 입상은 개인의 능력 향상뿐 아니라 취업에서도 유리한 기회를 잡도록 한다.

기능경기대회는 지방, 전국, 국제로 개최 지역 단위가 나뉜다. 지방기능경기대회는 지역사회의 기술 · 기능 수준의 향상을 도모하는 목적으로 개최되며 연령 제한 없이 누구나 참가할 수 있다. (단, 전국/국제 단위 대회 입상자는 제한) 입상자에게는 전국기능경기대회 참가 자격을 부여한다. 전국기능경기대회는 지역 간 기술 수준의 상향 평준화를 도모하고, 기술 우대 풍토를 조성 및 확산하여 산업발전에 기여하고자 개최한다. 입상자 중에서 국제기능올림픽대회의 직종 및 연령(개최년도 기준 만 22세 이하. 단, 메카트로닉스, 통신망 분배기술은 만 25세 이하)에 해당하는 자는, 별도의 평가 경기를 거쳐 국제기능올림픽대회에 출전할 수 있다. 2년에 한 번 개최되는 국제기능올림픽대회는 회원국 간 기능 교류를 통해 기능 수준 향상 및 기능 개발 촉진을 목적으로 한다.

2019년 러시아 카잔에서 열린 제45회 국제기능올림픽대회에서 우리나라는 금메달 7개, 은메달 6개, 동메달 2개를 획득하며 종합 3위를 차지했다.

국제대회에서 메달을 수상하면 어떤 혜택이 있을까? 취업 우대는 물론이고, 대학 진학 시 장학금이 주어지며, 동일분야 1년 이상 종사자에게는 기능 장려금이 지급된다. 이외에도 기능경기대회 입상자에게는 다음과 같은 혜택이 있다.

병역대체복무 혜택 국제기능올림픽대회 입상자에게는 전문연구요원, 산업기능요원으로 군 복무를 대체할 수 있는 병역대체복무 혜택이 주어진다.

국가기술자격시험 면제 지방기능경기대회 입상자에게는 해당 직종 국가기술자격 기능사 시험 면제, 전국기능경기대회 입상자에게는 산업기사 실기시험 면제, 국제기능올림픽대회 입상자에게는 산업기사 자격시험 면제 혜택이 주어진다.

단, 모든 직종에 해당하지 않으니, 한국산업인력공단의 자격증정보 사이트 큐넷(www.q-net.or.kr)에서 기능대회 입상자 면제 범위를 확인할 수 있다.(기술자격시험〉자격정보〉국가자격〉국가기술자격제도〉면제정보)

기술 · 기능인 국비유학(연수)생 선발 시 경력인정 특성화고 · 마이스터고 출신 중 중소기업 재직자에게 국가에서 해외 유학 · 연수를 지원하는 프로그램이 있다. 2년 이상의 경력을 갖춰야 지원할 수 있고, 정규직이 아니어도 괜찮다. 국제기능올림픽대회 수상자에 한해 금메달 4년, 은메달 3년, 동메달 2년, 우수상은 1년으로 경력을 인정받을 수 있다.

국비유학생 선발과 관련된 자세한 내용은 국립국제교육원의 한국유학종합시스템(www.studyinkorea.go.kr)을 참고하면 된다.

정책과 법률을 이용해라

'2017년 공공기관 인력 운영 방안'에 따르면 정규직을 채용하는 공공기관들은 채용 인원의 35% 이상을 지역 인재로 채용해야 한다. 지역 외에도 채용 정책의 혜택을 받는 대상자 유형은 다양하니, 채용 정책과 관련된 내용은 항상 관심 있게 지켜보고 대상에 해당하면 무조건 도전해 보자.

다음 「공공기관 지방이전에 따른 혁신도시 건설 및 지원에 관한 특별법」 제29조2항(이전공공기관의 지역인재 채용 등)과 같이 예외 조항도 뒤따르므로, 관련 근거에 해당하는 내용도 꼼꼼하게 살펴야 한다.

이전 공공기관의 장은 해당 기관이 이전하는 지역(이하 이 조에서 "이전지역"이라 한다)에 소재하는 지방대학 또는 고등학교를 졸업하였거나 졸업 예정인 사람을 우선하여 고용할 수 있다. 다만, 이전지역에서 고등학교를 졸업한 후 다른 지역에서 「고등교육법」 제2조 각 호에 따른 학교를 졸업하였거나 졸업 예정인 사람은 해당 이전지역의 우선 고용 대상에서 제외한다.

「청년고용촉진 특별법」도 주목할 만하다. 이 법은 청년 미취업자에 대한 국내외 직업능력개발훈련 등의 지원을 통하여 청년 고용을 촉진하고 지속적인 경제발전과 사회안정에 이바지함을 목적으로 2018년 12월 31일 시행되었다. 공공기관의 청년 미취업자 고용 의무, 국민생활안정 관련 공공부문에서의 청년 미취업자 고용 확대, 중소기업체의 청년 미취업자 고용 지원 등을 포함하고 있다. 여기서 청년은 '대통령령으로 정하는 나이에 해당하는 사람'으로 15세 이상 29세 이하인 사람을 말한다. 다만, 「공공기관의 운영에 관한 법률」에 따른 공공기관과 「지방공기업법」에 따른 지방공기업이 청년 미취업자를 고용하는 경우에는 15세 이상 34세 이하인 사람을 말한다.

경력을 쌓아 이직하라

업무 경력을 어느 정도 쌓고 이직하는 것도 하나의 방법이 될 수 있다. 경력직의 경우에는 어떤 일을 했느냐가 관건이므로, 관련 분야의 실무 경력이 최소 1년은 되어야 인정받을 수 있다. 경력 기간과 함께 이직 횟수도 신경 써야 한다. 잦은 이직은 경력에 마이너스만 될 뿐이니, 이직을 염두에 두고 있다면 가급적 한 곳에서 꾸준히 경력을 쌓는 게 좋다. 또한, 담당 업무의 포트폴리오와 프로젝트를 따로 정리해 둘 필요가 있다.

숨은 적기를 공략해라

하반기로 갈수록 고3 학생들의 불안 심리는 커지게 마련이다. 취업 준비를 같이하던 친구들이 하나둘 합격하면, 자괴감에 빠지거나 취업을 못 하고 졸업하게 될까 두려워하기도 한다. 고졸 공채가 여름방학을 기점으로 마무리되는 곳이 많기 때문이다.

하반기에는 취업할 곳이 없다고 생각하는데, 그렇지 않다. 사실 알짜배기 채용 기회는 '졸업 후'에 있다. 이 시기의 채용공고 대부분은 졸업자만 지원할 수 있기 때문이다. 즉, 재학생 없이 졸업자들끼리만 경쟁하게 되어, 취업의 숨은 적기인 셈이다.

졸업 때까지 취업을 못 하더라도 의기소침하지 말자. 그때쯤 되면 경쟁자들 대부분은 이미 채용이 결정났으니 자연히 자신의 차례는 오게 되어 있다. 포기하지 않고 꾸준히 준비한다면 분명 기회가 온다. 불안이 커질수록 기회는 점점 가까워진다는 것을 잊지 마라. 끝까지 포기하지 않고 버틸 수 있는지가 관건이다.

인턴제를 활용하라

정부가 시행하는 청년 일자리 대책 중 청년 인턴제가 있다. 직장 생활을 경험해 볼 수 있는 측면에서 긍정적이다. 반면에 정규직 채용 시 가산점을 주는 정도가 혜택의 전부라 정규직 채용으로 이어지지 못하는 경우가 많다. 이 때문에 인턴을 꺼리는 사람들이 여전히 있지만, 처음부터 정규직 전환을 염두에 두고 인턴을 뽑는 사례가 늘어나고 있는 등 상황을 해결하는 대안이 꾸준히 나오고 있다. 기회로 활용할 수 있는 요소도 분명히 있기에 무조건 부정적으로 볼 필요는 없다. 청년 인턴제에 대해서는 다음 장에서 더 자세히 살펴보기로 하자.

공무원 되기, 추천 채용제를 활용해라

공무원 채용에도 고졸 취업을 위한 기회가 따로 있다. 고졸자를 대상으로 하는 '지역인재 9급 추천 채용제'가 바로 그것이다. 대상은 관련 학과가 설치된 특성화고·마이스터고 등을 졸업(예정)한 사람이며, 6개월 정도의 수습 근무를 거쳐 9급 공무원으로 채용하는 제도이다.

학교장 추천을 받아야 하는데, 2020년 기준으로 학과별로 3~4명(학과 정원이 100명 이하면 3명, 100명을 초과하면 4명), 학교별 추천 인원은 7명까지로 제한된다. 추천 기준은 다음과 같다. 단, 해마다 조금씩 변경되니 그해의 모집요강을 꼼꼼히 살펴볼 필요가 있다.

- **보통교과** 평균 석차 등급이 3.50이내
- **전문교과** 이수한 모든 전문교과 과목의 성취도가 평균 B 이상이고, 그중 50% 이상의 과목에서 성취도가 A

또 하나, 시·도 자치단체에서 시행하는 '기술계고 졸업(예정)자

경력경쟁임용제도'도 눈여겨볼 만하다. 위와 마찬가지로 학교장 추천을 통해 지원할 수 있으며, 추천 기준은 학과 성적 상위 50% 이내이다. 이들 중 필기전형 및 면접전형을 거쳐 해당 지방자치단체의 일반직 9급으로 임용된다.

구체적인 내용은 각 지방자치단체 및 시도 교육청의 채용공고를 참고하기 바란다.

청년 인턴제
완벽 해부

기획재정부는 2017년 2월에 지역인재, 고졸, 청년 인턴 등 사회
형평성 정책을 강화한다는 내용의 '공공기관 인력운영방안'을 발표
했다. 세부안에는 청년 인턴이 보수 등 근로조건에 있어 불합리한
처우를 받지 않도록 하는 방안도 들어 있다. 한동안 열정 페이 논란
으로 청년 인턴제에 대한 부정적 인식이 팽배했지만, 이런 움직임
에 힘입어 청년 인턴제에 대한 기대가 다시 살아나고 있다.

제대로 활용된다면 청년 인턴제는 기업이나 구직자 모두에게 이
점이 있다. 기업에서는 구직자가 어떻게 업무에 임하는지 지켜봤기
때문에 능력 검증을 어느 정도 할 수 있고 업무의 연속성에서도 아

무엇도 모르는 신입을 새로 뽑는 것보다 효율적인 측면이 있다. 구직자 입장에서는 어떨까? 우선, 공채보다 좀 더 수월하게 입사할 수 있다. 해당 기업과 업무가 본인에게 잘 맞는지 확인해 볼 수 있으며, 인턴 기간 배운 실무와 사회생활 등은 다른 기업에 입사하더라도 쉽게 적응할 수 있는 원동력이 된다.

일반적으로 공공기관의 청년 인턴 채용은 학력, 성별 등 지원 자격에 제한이 없는 일반 인턴과 고졸자로 제한한 고졸제한경쟁 형태로 진행된다. 대개는 일반 인턴과 고졸제한경쟁을 따로 진행하지만, 둘을 한꺼번에 진행하는 경우도 있다. 이 경우, 두 유형 모두 지원 자격이 되더라도 한 가지 유형에만 지원할 수 있다. 2017년도에 실시한 울산항만공사의 청년 인턴 채용을 예로 볼 때, 일반 인턴의 경쟁률이 117 대 1, 고졸제한경쟁의 경쟁률이 15 대 1로 고졸제한경쟁이 훨씬 매력적이다.

전국 단위의 대규모 채용에만 관심을 두지 말자. 지역에서 필요한 소수의 인력을 채용할 때도 고졸제한경쟁 채용이 나올 수 있으니, 인턴 경력이 필요하다면 지역 단위의 소규모 채용에도 관심을 가져 볼 만하다.

인턴 유형도 중요하다

청년 인턴제라고 다 같은 인턴이 아니다. 인턴을 마치면 일정 비율 이상 정규직으로 전환되는 채용형 인턴, 채용에 응할 경우 가산점을 부여하는 채용 우대형 인턴, 채용과 무관한 체험형 인턴으로 나뉜다. 이를 상세하게 살펴보자.

채용형 인턴 채용형 인턴은 인턴 기간 종료 후 근무 성적, 교육 성적 등의 평가를 거쳐 정규직으로 전환되는 유형이다. 말 그대로 채용을 전제로 뽑는 인턴이다. 인턴 채용공고 시 정규직 전환 비율 혹은 기준 점수를 명시하고 있으니 사전에 확인해 두자.

- **한국장학재단 채용형 고졸 인턴(2021)** 정규직 전환율 80% 이상
- **한국폴리텍 채용형 인턴 고졸(2021)** 정규직 전환율 80% 이상(2020년 전환율 100%)

채용 우대형 인턴 채용 우대형 인턴은 청년 인턴 기간 만료 후 정규직 채용 절차에 응할 경우, 인턴 종료 시점으로부터 정해진 기간까지 서류전형 면제, 가산점 등의 우대 혜택이 제공된다.

- **한국철도공사(2021)** 필기전형에 한해 2% 가점(채용시험 응시 2회 한정)
- **한국폴리텍 채용형 인턴 고졸(2021)** 우리 기관 청년 인턴 근무자 필기 전형 만점의 3% 가산

체험형 인턴 체험형 인턴은 청년들에게 직장 체험 기회를 제공

하는 것만을 목적으로 하여, 정규직 전환이나 채용 우대 혜택 없이 종료된다.

정규직 전환에서 살아남는 방법

앞서 말했듯이 채용형 인턴이라도 채용이 100% 보장되지는 않는다. 전환 대상자 선정은 주로 근무 성적, 발표 평가, 교육 평가 등을 종합하여 판단하게 된다. 어렵게 인턴 생활을 마치고도 탈락 대상에 들어가는 불상사를 막으려면 어떤 것을 유념하고 준비하면 좋을까?

근태 근태는 사회생활에서 기본 중의 기본이다. 아무리 업무 능력이 뛰어나더라도 매일 늦거나 결근이 잦은 직원이 좋게 보일 리는 없다. 성실성과 연관된 부분이므로 신경 써야 한다.

인성 좋은 인성을 갖춘 사람은 어떤 면이든 긍정적인 평가를 받을 수밖에 없다. 실력이 다소 모자라더라도 인성이 일정 부분 커버할 수 있다는 점을 명심하고 행동해야 한다. 평가는 어차피 사람이 한다는 것을 잊지 말자.

업무 인턴 과정 동안 교육 내용에 관한 중간 테스트를 받을 수 있다. 업무 매뉴얼이 있다면 반드시 숙지하고, 그날 배운 업무는 따로 정리해 두는 습관이 필요하다. 모르는 부분은 두리뭉실 넘어가기보다는 선배에게 따로 물어봐서라도 제대로 숙지하는 것이 좋다.

프레젠테이션 준비　최종 평가로 프레젠테이션을 하는 회사도 많다. 주제를 사전에 정해 주는 경우도 있지만, 자유 주제라면 주제를 정하는 것부터 고민이 될 것이다. 꼭 회사와 관련된 주제일 필요는 없다. '고기 잘 굽는 법'으로 좋은 점수를 얻은 사례처럼, 사람들의 호응을 끌어낼 수 있는 참신한 주제와 내용 구성이 더욱 중요하다.

카더라 통신을 맹신하지 마라

'남자만 선호한다더라.' '스펙 안 본다더니, 고졸은 뽑지 않는다더라.' 등 출처도 알 수 없는 말들이 취업 시장에 떠돈다. 안타까운 것은, 이런 소문을 믿고 포기하는 학생들이 너무나 많다는 점이다. 남자만 선호한다는 회사에 여자가 입사하는 경우도 흔하고, 스펙을 초월하여 입사한 고졸자도 자주 볼 수 있는데도 말이다.

S그룹 공채 대비반을 지도할 때, 비슷한 일이 있었다. 남학생들 상당수가 회계를 전공했음에도 불구하고 금융계열사에 거의 지원하지 않은 것이다. 이유인즉슨, 해당 그룹의 금융계열사는 남자 직원을 선호하지 않는다고 인터넷 카페에 글이 올라왔단다. 하지만 신입사원 연수를 다녀온 학생의 얘기로는 남자 비중이 상당했다고 한다.

취업 카페에 올라오는 글들을 보면 하나같이 해당 기업의 인사 담당자가 작성한 것처럼 확신에 찬 정보들이 난무한다. 믿고 안 믿고는 개인의 몫이겠지만, 인사 담당자도 금시초문인 불분명한 정보에만 의지해서 지원 기회조차 날려 버리는 어리석은 일은 없었으면 한다. 채용은 생각보다 변수가 많다. 예상을 뛰어넘는 상황이 항상 존재한다는 것을 염두에 두고 소신껏 자신이 원하는 길을 찾아갔으면 한다.

Chapter 3.

취업 준비,
이제는
실전이다

인·적성 검사나 면접, 자기소개서 준비 못지않게 여러 경험을 쌓는 것
또한 중요하다고 생각합니다. 거창하지 않더라도 사소한 봉사 활동에
서부터, 취미, 여행, 문화 활동 등을 체험해 본 경험이 자신의 부족한
점을 채워 주고 조금 더 발전시켜 주는 발판이 될 것입니다.

- 강동재(삼성코닝정밀소재 입사)

취업 준비의 6가지 정석

취업 현장에 있다 보니, 당연히 합격하리라 생각했던 학생이 떨어지는 경우도 봤고, 어차피 떨어질 거라며 기대하지 않았던 학생이 합격하는 경우도 봤다. 결과가 나올 때까지는 누구도 장담할 수 없는 것이 취업이다. '행운이란 준비와 기회와의 만남'이라고 했던 오프라 윈프리의 말처럼, 취업 역시 기회와 준비가 만나 합격이라는 결과를 만든다는 점을 잊지 말자. 아무리 좋은 기회를 만나더라도 준비가 덜 되어 있다면 그 기회를 날려 버리기 십상이다. 그렇다고 무작정 열심히만 한다고 될 일은 아니다. 많은 노력을 한다 해도 그 결과가 합격으로 이어지는 것은 아니기 때문이다. 취업 준비는 무엇보다 꼼꼼한 계획과 전략이 필요하다. 효율적인 취업 준비를 위해 무엇을 어떻게 준비해야 할지 하나씩 그 정석을 밟아 보자.

채용 절차를 이해해라

채용은 크게 '서류-필기-면접'의 단계를 거친다. 기업의 규모나 상황에 따라 면접이 두 번 이상 진행되는 경우도 있고, 인·적성 검사, 미션 평가, 체력 검증, 신체검사, 신원 조회 등이 포함되기도 한다.

여기서 중요한 것은 각 단계를 합격해야 다음 단계의 자격이 주어진다는 점이다. 그 과정에서 선발 배수는 중요한 의미를 지닌다.

인천공항공사 안전보안직 고졸자 대상 제한경쟁채용(2021)

구분	전형 단계	평가 기준	배점	선발 배수
1단계	서류전형	자기소개서 정성평가, 우대사항	100	30배수
		응시요건, 지원서 불성실 확인	적/부	
2단계	필기전형	직업기초능력평가(NCS)	100	4배수
		인성검사	면접 참고	
3단계	1차 면접	직무 역량 면접	100	2배수
4단계	2차 면접	종합 인성 면접	100	1배수
5단계	신원 조회 및 신체검사	서류 진위 및 결격 사유 확인	적/부	–

위 인천공항공사 사례를 보면, 첫 단계 서류전형의 선발 배수는 30배수인데, 다음 단계인 필기전형에서 지원자의 상당수를 걸러 내고 4배수만 남기는 것을 알 수 있다. 단계별 선발 배수는 경쟁률을 의미하므로 이를 토대로 선택과 집중, 노력의 강도를 조절해야 한다.

가고 싶은 기업의 리스트를 만들어라

기업들의 채용 규모가 매해 같을 수 없다. 작년에 대규모 채용을 한 기업이라도 올해는 규모를 축소할 수 있고, 아예 채용하지 않는 경우도 제법 있다. 특성화고에 입학할 때부터 삼성전자를 목표로 준비한 학생이 있었는데, 안타깝게도 그 학생이 고3이 되던 해에는 삼성전자가 고졸 채용을 진행하지 않았다. 수많은 기업이 있지만, 모든 기업에 전부 지원할 수도 없는 일이다. 학교장 추천이 필요한 경우만 보더라도, 형평성 때문에 나만 계속 추천받을 수 없을뿐더러 추천 순위에서 아예 밀리기도 한다. 게다가 목표로 하는 기업에 추천받으려면 추천 기회를 함부로 쓰면 안 된다.

이러한 상황들을 효과적으로 대비하려면 처음부터 전략을 잘 세워야 한다. 미리 내가 가고 싶은 기업을 조사하여 '희망 기업 리스트'를 순위별로 정리해 두는 게 좋다. 기업 리스트를 만들 때는 관심 분야를 바탕으로, 같은 업종 내지는 유사한 성격의 기업들끼리 묶는 것도 하나의 전략이다. 예를 들어 공공기관 중에서 한국전력을 목표로 준비했는데 결과가 좋지 않았다고 치자. 준비하면서 에너지 분야에 지식을 키웠다면, 한국전력거래소와 같은 유사 기업에 지원해 볼 수 있다. 마찬가지로 게임업체를 염두에 두고 있다면, 게임 콘텐츠 관련 사업을 하는 한국콘텐츠진흥원에 지원해 보는 것도 방법이다. 이런 전략을 세우려면 앞서 설명했던 동종업계에 대한 공부가 선행되어야 한다. 그래야 가장 희망하는 기업에 지원할 수 없게 되더라도 동요 없이 다른 기업을 준비할 수 있다.

회사 정보를 수집해라

희망 기업 리스트를 만들었다면 이제 회사 정보를 수집해야 한다. 취업과 관련된 모든 과정은 내 소개만으로 끝나는 게 아니다. 회사와 나의 연관성을 찾는 것이 중요한데, 그러기 위해서는 기업의 제품(서비스), 인재상, CEO, 핵심 가치, 비전 등을 알아야 한다. 이런 기업 정보는 회사 홈페이지를 통해 얻을 수 있다. 공공기관을 준비한다면 설립 목적과 역할, 주무기관 등도 함께 확인하자. 공공기관은 홈페이지뿐 아니라 공공기관 경영정보공개시스템인 알리오(www.alio.go.kr)에서도 필요한 정보를 확인할 수 있다. 기관을 검색하면 항목별 보고서가 나오는데, 그중 '일반 현황' 정도만 보면 된다.

직무와 연관된 경험을 쌓아라

목표하는 기업이 어디든 간에 가장 중요한 채용 키워드는 '경험'이다. 여기서 말하고자 하는 경험은 '오지 탐험'과 같은 특이한 경험이 아니다. 직무에 필요한 지식, 기술, 태도를 보여 줄 수 있는 경험을 쌓으라는 것이다. 동아리 활동을 하더라도 희망 직무와의 연관성을 염두에 두고 접근하자. IT분야를 희망한다면 비즈 공예 동아리보다는 소프트웨어 개발 동아리를 찾고, 회계직을 희망한다면 동아리에서 총무를 맡아 보는 식이다.

관련된 봉사 활동이나 아르바이트도 좋은 경험이 될 수 있다. 관심 기업에서 주관하는 대외 활동에 참여해 보는 것도 하나의 방법이다. 봉사단, 기자단, 공모전 등을 경험하며 기업에 대한 이해를 넓힐 수 있고, 입사 지원할 때도 좋은 발판이 될 수 있다. 크건 작건 경험의 크기는 상관없다. 직무와의 연관성을 고려하여 경험을 쌓는 것이 핵심이다. 특히 NCS에 기반을 둔 채용이라면 그 중요성이 절대적이다.

채용 박람회와 친해져라

해마다 개최되는 고졸 취업 박람회나 공공기관 채용 박람회는 기업 소개, 취업 특강, 멘토링 등의 다채로운 프로그램으로 구성되어 있다. 단체로 채용 박람회에 참석하거나, 혼자서라도 꼭 한번 다녀오기를 권한다. 뜨거운 현장 분위기로 인해 취업에 대한 동기부여가 되고, 회사 정보를 얻을 기회가 되기도 한다. 입사를 희망하는 기업이 참여한다면, 인사 담당자들에게 직접 궁금한 것을 물어볼 수도 있다. 현장에서 바로 면접을 보고 채용이 되는 운 좋은 사례도 간혹 있다.

길게 쓰는 연습을 해라

대부분의 특성화고는 자체 자기소개서 양식으로 입시 원서를 받고 있다. 대개 A4 한 장 분량이고, 그 안에 질문 3~4개가 들어가니 실제 내용을 적을 공간은 그다지 많지 않다. 그런데도 학생들은 이 분량을 채우는 것도 무척 힘들어하는 현실이다. 그런데 고등학교 자기소개서와 달리 기업 입사지원서는 항목별로 500~1,000자 이내로 글자 수를 제시하고 있다. 아래 기업 사례로 어느 정도 분량을 써야 하는지 한번 살펴보자.

- **한국지역난방공사** 5개 항목, 각각 700자
- **한국철도공사** 3개 항목, (띄어쓰기 포함 400bytes 이상 ~ 800bytes 이내)
- **국악방송** 5개 항목, 각각 600자 이내
- **근로복지공단** 5개 항목, 각각 1,000byte

자, 어떤가? 이 정도면 충분히 쓸 수 있을까? 항목을 다 합쳐 2천 자를 훌쩍 넘는 분량 제한에 이미 주눅이 든 사람도 있을 것이다. 매번 단문만 쓰던 사람이 갑자기 이렇게 긴 장문을 쓴다는 건 쉽지 않은 일이다. 하지만 미리 주눅 들 필요는 전혀 없다. 상황에 부닥치면 누구나 쓰게 되어 있으니 말이다.

우리가 자기소개서 내용을 채우지 못하는 이유는 크게 두 가지다. 긴 글을 써 볼 기회가 없었다는 것과 내세울 만한 스토리가 없다는 것. 두 가지 모두 시간이 필요하지만, 연습을 통해 충분히 해결 가능하다. 논술 시험 같은 전문성을 요구하지도 않고, 뛰어난 문장력을 요구하지도 않기 때문이다. 자기소개서를 보는 목적은 누가 글을 더 잘 썼느냐를 보는 게 아님을 명심하자.

써 볼 기회가 없었으면, 써 볼 기회를 만들면 된다. 물론, 자기소개서를 통해서다. 그렇다면, 스토리는 어떻게 준비해야 할까? 자기소개서의 주인공은 자기 자신이다. 결국, 자신의 머릿속에 모든 소재가 있다. 그걸 끄집어내어 자기소개서에 옮겨 쓰기만 하면 된다.

몇몇 학생들은 이렇게 얘기한다. "선생님, 저는 스토리가 정말 없어요." 한번 생각해 보자. 스토리가 없는 사람이 있을까? 같은 24시간이 주어지지만 사람들은 제각각의 삶이 있다. 환경도 다르고, 만나는 사람도 다르고, 배우는 것도 다르다. 심지어 먹고, 마시고, 즐기는 것도 다르다. 우리는 매일 등교나 출근을 하면서도 어제와는 다른 사람을 만나고, 같은 사람을 만나더라도 매일 다른 주제로 대화를 나눈다. 우리는 스토리를 너무나 거창하게 생각하며 지레 겁을 먹는다. 하지만 부모님과 낚시를 하러 갔던 장소도, 친구들과 자전거 여행을 했던 경험도, 아르바이트하면서 만난 무례한 손님까지도 모두 한 사람의 스토리가 된다. 눈뜨고 움직이면서 보고 말하고 행하는 것들, 그 모든 것이 스토리이다.

한 줄부터 시작해도 괜찮다. 매일 한 줄씩 늘려가면 된다. 꾸준히 연습하다 보면 어느새 요구하는 글자 수보다 훨씬 많은 스토리를 적어 내려가는 자신을 발견하게 될 것이다.

글자 수를 어떻게 확인하는지 묻는 학생들이 종종 있다. 우리가 흔히 사용하는 프로그램에 관련 기능을 제공하고 있으니 확인해 보도록 하자.

마이크로소프트 워드 프로그램 상단의 '검토' 메뉴를 누르면 '단어 개수' 버튼에서 글자 수를 확인할 수 있다.

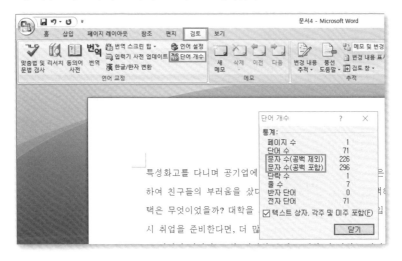

한컴오피스 한글 프로그램 '파일' 메뉴의 '문서 정보'를 누르면 '문서 통계' 탭에서 글자 수를 확인할 수 있다.

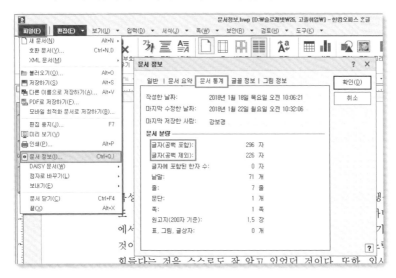

채용정보를 찾아라!

　기업에서 인재를 채용하는 방법은 우리가 알고 있는 것보다 다양하다. 하지만 이는 대졸자나 경력자에 해당하는 말이다. 고졸 채용은 모든 면에서 단순하게 진행되다 보니, 채용정보를 알 수 있는 루트도 정해져 있는 편이다. 그렇다면 고졸 채용정보는 어디서 찾아봐야 할까?

　기업 홈페이지　채용정보는 대부분 해당 기업의 홈페이지에서 얻을 수 있다. 상황에 따라 취업 포털 사이트에만 등록하는 경우도 있지만, 일반적으로는 자사 홈페이지에 가장 먼저 공고를 내기 마런이다. 채용 사이트를 아예 별도로 운영하는 기업도 많으니, 관심 기업의 채용 사이트는 미리 알아 두도록 하자.

취업 포털 잡코리아(www.jobkorea.co.kr)나 사람인(www.saramin. co.kr) 같은 취업 포털도 많은 학생들이 이용한다. 한 번에 여러 회사의 채용공고를 검색할 수 있고, 현재 진행 중인 채용 외에도 채용 예정 기업들의 공채 일정까지 확인할 수 있어서 좋다.

하지만 모든 회사가 취업 포털에 채용공고를 등록한다고 생각하면 오산이다. 자사 홈페이지에만 채용공고를 게시하는 경우도 종종 있으니, 관심 회사 홈페이지에 수시로 들어가 보면서 채용 일정을 놓치지 않도록 유념해야 한다.

잡알리오　잡알리오 사이트(job.alio.go.kr)는 공공기관 채용정보 시스템이다. 고졸 채용 상당수가 공공기관에서 이루어지므로 공공기관을 목표로 하는 학생들은 이 사이트와 친해져야 한다. 지금 바로 즐겨찾기에 추가해 두자.

학교　학교도 채용정보를 얻을 수 있는 좋은 창구다. 기업에서 학교에 취업 추천 의뢰서를 보내어 학생을 추천받는 경우가 의외로 많다. 사람을 구하기 힘든 소규모의 회사뿐만 아니라, 외국계 기업, 내실 있는 중소기업 등 다양한 곳으로부터 채용 의뢰가 들어온다. 합격률도 높은 편이니 관심을 가질 필요가 있다.

회사가 면접 제안을 하는 경우　지원자가 채용공고를 찾아 지원하는 경우가 일반적이지만, 회사로부터 채용정보를 듣게 되기도 한다. 지원자가 취업 포털에 등록해 놓은 이력서를 인사 담당자가 보고 연락이 오는 경우인데, 서류를 이미 검토한 후라 면접으로 이어질 확률이 높다. 괜찮은 회사로부터 연락을 받을 수도 있지만, 가끔 비상식적인 조건들로 구직자들을 현혹하는 회사도 있으니 주의해야 한다. 전화로 쉽게 결정하지 말고, 회사와 직무에 대한 정보를 충분히 알아보고 진행할 것을 권한다.

중견련 앱(ahpek)　한국중견기업연합회는 국내 유일의 중견기업 모바일 정보 서비스 플랫폼(플레이스토어에서 '중견련'으로 검색하여 설치, 아이폰은 미제공)을 출시하여 운영 중이다. 중견기업에 특화된 기업 소식, 중견기업 채용정보 등을 얻을 수 있어 참고할 만하다..

공고가 뜨면
지원 자격 확인부터

　채용공고가 나오면 가장 먼저 해야 할 일은 지원 자격이 되는지 분석하는 것이다. 지원 자격을 성적이나 자격증 등 한 가지 사항으로 제한을 두기도 하지만, 여러 가지를 복합적으로 제한하는 경우도 많기 때문이다.

　예를 들어, 내신이 5등급 이내이고 기능사 이상 자격증 소지자로 자격 요건이 나와 있다면, 아무리 5등급 이내라도 자격증이 없다면 소용없다. 어떤 것에 유념해서 지원 가능 여부를 판단할지 좀 더 자세하게 살펴보자.

학력 사항을 확인해라

입사지원서 학력 부분을 보면 졸업 여부를 체크하는 곳이 있다. 대개 졸업, 졸업 예정으로 구분되어 있는데, 이것이 중요한 변수로 작용할 수 있다. 같은 고졸 채용이라도 졸업 예정자는 지원 불가인 경우가 있고, 반대로 졸업 예정인 재학생만 가능한 경우도 있기 때문이다. 따라서 지원 자격에서 학력 사항을 반드시 확인해야 한다.

- **한국전력 전기 재학(2021)** 고3 재학생(졸업 예정자)
- **한국폴리텍 채용형 인턴(2021)** 고교 졸업자(졸업 예정자 지원 불가)
- **한국수력원자력 고졸수준 신입(2021)** 선발분야(기계, 전기전자) 관련 학과 2학년에 재학 중인 자

일반계 고등학교 출신자도 고졸 채용에 지원 가능하다. 단, '특성화고 출신자만 지원 가능'하다는 제한이 없다면 말이다.

고졸 채용에 지원 가능한 지원자의 기준은 다음과 같다.

지원 가능	최종 학력이 고졸인 자 최종 학력이 고졸에 준하는 검정고시 합격자 대학(전문대 포함) 중퇴, 제적자 고등학교 졸업 예정자(단, 회사에 따라 지원에 제한을 둔 곳이 있다)
지원 불가	최종 학력이 중학교인 자 대학(전문대 포함) 졸업 유예, 졸업 유보자 대학(전문대 포함) 졸업자 졸업 자격 미달로 인한 대학(전문대 포함) 미졸업자

지역 제한을 확인해라

지역 인재를 정책적으로 채용하기 위해 지역 제한을 두는 곳도 있으니 확인하도록 하자.

- **경기도 지방공무원 제3회 기술계고 경력경쟁임용시험(2021)** 경기도 내에 소재한 특성화·마이스터고에서 선발예정직류 관련 학과를 졸업(예정)한 사람 또는 타 지역 소재 특성화·마이스터고에서 선발예정직류 관련 학과를 졸업(예정)하고 거주지 제한 요건을 충족한 사람
- **한국지역난방공사 고졸인재전형 7급 비수도권 지역 인재 할당제 적용 (2021)** 최종학력이 고졸 이하인 경우에는 최종학교 소재지가 서울, 경기, 인천, 해외 지역을 제외한 비수도권인 자

내신 성적 제한을 확인해라

성적에 제한을 두지 않는 기업이 늘어나는 추세지만, 중요한 평가 기준으로 삼는 기업들도 여전히 많다. 성적 제한이 있는 경우, 그 범위에 들지 않으면 지원해도 소용없으니 꼭 확인해 봐야 한다.

- **중소기업유통센터 고졸 인재(2022)** 고등학교 내신 성적의 평균 석차등급이 3.5등급 이내인 자
- **한국수력원자력 고졸 수준(2021)** 학과 2학년 1학기 성적까지 학업 성적이 상위 30% 이내인 자

계열과 전공 제한을 확인해라

NCS 채용이 확산됨에 따라 특정 계열 출신자로 지원에 제한을 두는 경우가 많아지고 있다. 직무능력을 갖춘 사람을 선발하는 것이 NCS 채용이므로 그 취지와 일맥상통한다고 볼 수 있다. 다음의 계열 제한 사례를 살펴보자.

- **한국무역보험공사(2021)** 상업계 특성화고 졸업 예정자
- **한국수출입은행(2021)** 상업계 특성화고 졸업자

학교장 추천 여부를 확인해라

학교장 추천으로만 지원을 받는 기업도 있다. 대개 학교 또는 과마다 지원자 수에 제한을 두고 있다. 추천 과정에 공정성 시비가 일지 않도록 내신 성적을 기준으로 선정하므로 추천에서 밀릴 여지가 있다.

- **한국장학재단 고졸 채용형 인턴 6급(2022)** 학교장 추천을 받은 자(학교별 2명 이내)
- **한국산업단지공단 5급 고졸 인재(2021)** 학교장의 추천을 받은 자(전형별로 학교별 1명)

자격증 제한을 확인해라

채용 분야에 따라 자격증을 소지해야 지원할 수 있는 곳도 있다. 최종 합격하지 않은 자격사항은 인정되지 않는다는 것을 반드시 명심해야 한다. 즉, 1차 합격 또는 필기 합격 등 진행 단계에 있는 것은 소용없다.

- **한국수자원공사 시설 고졸 운영직(2021)** 관련 분야 기능사 이상 자격증 소지자
- **한국전력 전기부문 재학생 전형(2021)** 전기기능사 자격 보유자

가산점(우대사항)을 파악해라

지원 자격이 있다는 것을 확인했다면, 가산점을 받을 수 있는지 체크해 봐야 한다. 「국가유공자 등 예우 및 지원에 관한 법률」 제29조, 「독립유공자 예우에 관한 법률」 제16조 등 법률에 근거한 법정 가점이 있고, 자격증, 수상 경력, 청년 인턴 경험, 어학 성적처럼 개인을 객관적으로 증명할 수 있는 자료가 대상이 되기도 한다.

가산점 대상과 점수는 기업마다 다르다. 가산점을 모든 단계에서 받을지 일부 단계에만 받을지 또한 기업에 따라 다르고, 가산점 대상에 따라서도 다르다. 아래 국립공원공단의 예시를 보면, 취업지원 대상자와 장애인은 전형 단계별로 모두 가점이 적용되고, 다른 유형은 서류와 면접 또는 서류 심사에서만 가점을 받는다.

구분	대상	가점 사항
취업 지원 대상자	「국가유공자 등 예우 및 지원에 관한 법률」 제29조에 의한 취업 지원 대상자	전형 단계별 가점 5점 또는 10점
장애인	「장애인고용촉진 및 직업재활법」 시행령 제3조 및 제4조에 의한 장애인	전형 단계별 가점 5점
이전 지역 인재 (전국, 북부 지역 만 해당*)	최종 학력 기준(대학원 이상은 대학교 기준) 강원도 내 학교를 졸업(예정)한 자	서류전형 및 면접전형 가점 10점
한국사능력 검정시험	「공기업·준정부기관의 경영에 관한 지침」 제19조 제2항에 따라 한국사능력검정시험 1급/2급/3급인 자	서류전형 가점 3점/2점/1점

* 국립공원공단의 입사 지원 지역은 총 5개(동부, 서부, 남부, 북부, 전국)로 나뉜다. 북부와 전국 지역 지원자 중 강원도 내 학교 졸업(예정)자에게 이전 지역 인재로 가산점을 부여한다.

개인의 노력과 무관한 정책 가산점은 어쩔 수 없다 하더라도, 자격증은 노력하면 얼마든지 취득할 수 있다. 지원 분야와 관련된 기본 자격증은 반드시 취득해 두고, 단 1점이라도 유리한 상황을 만들도록 하자. 가산점에 따라 출발선이 달라질 수도 있다.

오로지 실력! 블라인드 채용 시대를 대처하는 자세

바야흐로 블라인드 채용 시대다. 19대 대통령으로 취임한 문재인 대통령은 '취업을 희망하는 모든 청년들이 불평등에서 벗어나 동일한 출발선에서 오로지 실력만으로 공정하게 경쟁해야 한다'며 공공부문에서 블라인드 채용을 의무화하도록 했다. 나아가 민간 기업에도 블라인드 채용 도입을 적극 권유하여, 민간의 블라인드 채용 사례도 늘어나는 추세에 있다.

블라인드 채용은 채용과정에서 불합리한 차별을 야기할 수 있는 출신지, 학력 등의 항목을 요구하지 않고, 직무능력 중심으로 인재를 평가하여 채용하는 방식을 의미한다. 행정안전부에서 발간한

〈2019 지방공공기관 블라인드 채용 가이드북〉을 토대로 블라인드 채용이 무엇이고 어떻게 준비해야 하는지 알아보자.

서류가 달라졌다

인적사항 채용 시 입사지원서에 출신지, 학력, 신체적 조건, 가족관계 등의 인적사항을 일절 기재하지 않는다. 다만, 신체적 조건과 학력이 채용 직무를 수행하는 데 있어 반드시 필요하다고 인정될 경우는 예외로 한다. 예를 들어, 특수경비직 채용에 시력과 건강한 신체를 요구하는 경우가 있고, 지역 인재를 채용할 때는 최종 학교 소재지를 적을 수 있다.

사진 서류전형 합격자를 대상으로 신분 확인 용도로만 사진을 요구할 수 있다. 즉, 서류전형 단계 이후에만 요구 가능하다. 용모를 이유로 차별을 받지 않게 하기 위함이다. 단, 응시자 모두 서류전형 없이 필기전형을 보는 경우, 입사지원서에 사진을 요구할 수 있다.

증빙서류 합격 결정에 반드시 필요하다고 인정되는 증빙서류는 서류전형 종료 이후, 필기 · 면접전형 전에 요구할 수 있다. 이런 경우를 제외하고는 최종 합격자 발표 전에 증빙서류를 요구하지 않는다. 자격 요건과 관련한 증빙서류가 있다면, 서류전형에서는 입사지원서에 기재된 자격번호, 취득일자 등으로 확인하고, 서류전형

합격자 발표자 이후에 증빙한다.

어떤 변화가 있을까?

기회는 많아진 만큼 경쟁률이 높아졌다 기존 스펙 위주의 채용에서는 대기업이나 공공기관에 합격하려면 무엇보다 성적이 좋아야 하는 냉엄한 현실이었다. 아무리 해당 분야에 뛰어난 능력을 갖추었다고 해도 성적이 발목을 잡아 지원할 기회조차 가지지 못한 경우가 허다했다.

하지만 블라인드 채용은 편견 없는 채용을 지향하기 때문에, 학력이나 성적 등 불합리한 차별이 될 수 있는 항목을 요구하지 않는다. 이렇게 채용문이 넓어진 만큼, 경쟁률이 높아지는 것은 당연한 일이다.

한층 더 깐깐해졌다 기업 입장에서만 본다면 지원자를 손쉽게 서열화할 수 있는 기존 채용이 사실상 편한 방식이었다. 성적과 같이 점수화된 정보가 없다 보니 기업에서는 자기소개서와 면접을 기존보다 깐깐하게 평가할 수밖에 없다.

개인을 드러낼 수 없다 응시자는 면접관에게 출신지, 가족관계, 학력 등 인적사항 정보를 제공하지 말아야 하며, 면접관 역시 인적사항을 질문하지 않아야 한다. 철저한 블라인드 채용을 위해 면접

복장을 제시하는 경우도 간혹 있다. 일례로 LH공사의 경우, 2017년 하반기 신입직원 채용에서 흰색 티셔츠를 제공하고, 넥타이, 머리핀, 목걸이 등 개인 식별이 가능한 물품도 착용을 금지한 바 있다. 서류를 제출할 때, 학교를 유추할 수 있는 이메일 아이디도 지양하는 게 좋다.

블라인드 채용, 고졸자에게 기회일까?

블라인드 채용에서는 학력이나 학점 등을 요구하지 않으니 기회의 문이 활짝 열린다고 생각할 수 있다. 반은 맞고 반은 틀린 말이다. 해당 직무에 맞는 실력을 갖추었는데도 스펙에 밀려 지원조차 못 했던 사람들에게는 분명 기회일 것이다. 스펙만 좋다면 직종을 불문하여 지원할 수 있고, 실제 능력은 입사 후 갖춰도 되었던 이전의 채용 방식과는 분명 다르다.

기회의 횟수 측면에서 보면 특성화고 학생들에게 더 많은 기회가 생겼다고 볼 수도 있다. 고졸자는 주로 기능직 채용에 지원할 수 있었던 과거와 달리 일반직도 직무능력만 있다면 지원할 수 있게 된 것이다.

다만, 지원자 평가를 위해 활용되던 정보들이 지원서에서 사라지다 보니 각 채용단계의 난이도가 전보다 어려워질 수 있다는 점은 감안해야 한다. 상황이 이런 만큼, 채용 준비 과정과 임하는 자세도 기존 채용과는 달라야 한다.

블라인드 채용, 표현력을 길러라!

　블라인드 채용을 준비하기 위해서는 직무능력을 키우는 것은 기본이다. 그 외로 무엇을 중점적으로 준비해야 할까? 잡코리아가 인사담당자 446명 대상으로 '자기소개서 볼 때 먼저 눈에 들어오는 항목'에 대해 조사한 결과, 1위가 지원 동기이고, 근소한 차이로 글구성 및 문장력이 2위였다. 글쓰기를 싫어하는 학생들에게는 안타까운 얘기지만, 블라인드 채용은 예전보다 훨씬 더 글솜씨가 필요할 것 같다. 전에는 성적과 자격증, 어학 점수 등이 한 사람을 평가하는 중요한 판단 기준이었다면, 그런 사항들이 배제된 상황에서 지원자의 능력을 볼 방법은 결국 말과 글이기 때문이다. '스펙 대신 표현력'이라고 할 정도로 블라인드 채용에서는 표현력이 중요하다. 표현력은 단시간에 벼락치기로 길러지는 게 아니므로 독서와 글쓰기를 통해 꾸준히 연습하는 수밖에 없다.

성적이 나쁜가? 방법을 바꿔 준비하라!

성적의 중요성을 간과하다가 뒤늦게 철든 학생들이 간혹 있다. 정신 차리고 제대로 해 보려고 했는데 성적이 발목을 잡는다며 포기하기도 한다. 아쉽게도 이미 나온 성적은 그 누구도 수정해 줄 수 없다. 그렇다고 포기해야 할까? 아니다. 내가 바꿀 수 없는 것을 고민하느니, 노력에 따라 바꿀 수 있는 다른 방법을 찾아보도록 하자.

더욱이 예전엔 성적을 기반으로 한 스펙 중심의 채용이었다면, 지금은 상황이 많이 변했다. 그 변화의 중심에 NCS가 있다. NCS 기반 채용은 직무에 맞는 인재를 뽑겠다는 취지로 만들어졌다. 해당 직무를 수행할 수 있는 능력이 있으면 지원 가능하다는 얘기다. 공공기관이 주축이 되고 있으니, 성적이 좋지 않아도 선망의 대상인 공공기관에 지원해 볼 기회가 열린 셈이다. 2020년 한국전력 고졸 채용형 인턴 채용은 선발 배수를 적용하지 않고, 적격자 전원이 필기전형에 응시하도록 했다. 직무능력만 있다면 스펙과 무관하게 취업할 수 있음을 보여 준 좋은 사례이다.

성적이 좋아야 공채에 지원할 수 있다고 생각하는 학생들이 많다. 하지만 통념과 달리 스펙보다 자기소개서를 더 비중 있게 보는 기업들이 상당수다. 성적이 안 좋으니 지원하나 마나라고 생각하는 건, 정말 어리석다. 물론, 지원 자격에 성적 제한을 두는 기업은 논외로 두자. 내가 지도했던 학생들 중에는 낮은 성적으로도 성적 좋은 학생들과 경쟁해서 합격한 사례가 많다. 희망 직무와 연관된 자격증을 취득하고, 자기소개서에 공을 들이면 스펙을 이길 수 있다.

Chapter 4.

합격 or 광탈, 지원서에 달려 있다

저는 취업을 준비하는 고졸 예정자들에게 특혜를 받고 있다는 점을 상기시켜 주고 싶어요. 같은 회사에 입사한 대졸 직원들의 스펙을 보면 정말 무시무시하거든요. 제가 아무리 노력해도 따라잡을 수 없다는 생각이 들 정도로요. 그들에 비하면 우리들은 상대적으로 적은 노력과 투자로 쉽게 취업하는 셈이지요. 일찍 취업함으로써 얻는 이익도 크고요. 고졸 채용이라는 제도에 감사함을 느끼고, 취업하게 되면 맡은 일에 더욱 최선을 다했으면 좋겠어요. - 서영빈(국민연금공단 입사)

이력서에서
신경 써야 할 것들

시대의 흐름에 따라 입사지원서도 계속 변화를 거듭하고 있다. 신체 정보나 가족의 학력까지 기재하던 때도 있었는데, 요즘은 개인 신상과 관련된 부분은 점점 없어지는 추세다. 회사마다 요구하는 정보에 조금씩 차이가 있지만, 큰 틀을 벗어나지는 않는다. 객관적인 사실을 있는 그대로 적기만 하면 되므로 작성에 큰 어려움은 없을 것이다. 여기서는 신경 써야 할 부분을 몇 가지만 짚어 보겠다.

사진 최근에 찍은 사진으로 준비하자. 졸업한 이후라면 고등학교 교복을 입고 찍은 사진은 붙이지 않는 게 좋다. 표정이 경직되지 않고 자연스러운 미소가 돋보이는 사진이면 금상첨화다. 아래에 제시한 유형은 입사지원서 사진으로 쓰기에 바람직하지 않으니 반드시 피해야 한다.

- 집에서 셀카로 찍은 사진
- 생활 속 모습을 찍은 사진
- 정면이 아닌 사진
- 다른 사람으로 보일 정도로 과하게 보정한 사진
- 화나 보이거나 무서운 인상의 사진

이런 사진을 이력서에 쓰는 사람이 어디 있을까 싶을 것이다. 하지만 채용 관련 일을 하다 보면, 잊을 만하면 한 번씩 이런 사진을 보게 된다. 나로서도 놀라운 일이다. 작정하고 비호감 이미지를 주려고 하는 게 아니라면 이런 사진들은 절대 붙이지 마라!

자격증 자격증은 일반적으로 채용공고일 이전에 취득한 자격증만 기재해야 한다. 자격증 발행번호가 나와야만 자격증으로서 인정받을 수 있기 때문이다. 거듭 말하지만, 1차만 합격한 건 취득하지 않은 것과 같다. 1차 합격을 했다고 반만 인정할 수도 없지 않은가!
자격 사항을 기재할 때는 지원한 직무와 관련된 자격증 위주로 적는다. 회사에서 정한 이력서 양식이 있다면 요구사항에 맞게 입력하면 되고, 자유 양식인 경우에는 자격증 명과 함께 발급일과 발급기관도 명시하는 게 좋다. 차후 증빙서류를 요구하는 경우가 있으므로, 분실했다면 미리 재발급 받아야 한다. 또한, 발행번호 기재를 요구하는 기업도 있으니 취득한 자격증을 따로 한군데 정리해두는 것이 효율적이다.

이메일 주소 이메일 주소에 포함된 아이디는 신중하게 선택하는 게 좋다. 면접관들이 아이디의 의미를 물어보는 경우가 종종 있는데, 아이디 하나도 무심히 지나치지 않는다는 의미이기도 하다. 자신을 나타내는 개성적인 아이디도 많지만, 욕설로 이루어진 아이디도 간혹 눈에 띈다. 담당자들의 매서운 눈에 이런 것이 들어온다면 좋은 인상을 주긴 어렵다. 사소한 부분이라도 모든 것을 판단하는 선입견으로 작용할 수 있으니 이런 부분을 절대 간과하지 말자.

활동 사항 최근 활동이 가장 위로 가도록 작성한다. 간단명료하게 작성하되, 단순 나열식보다는 지원 업무와의 관련성을 최대한 살리도록 하자. 서식이 정해진 경우가 아니라면 직무 내용도 간략하게 덧붙이는 게 좋다. 소속 단체나 기관을 함께 기재하면 활동 사항에 더욱 신뢰를 줄 수 있다. 아래의 작성사례를 참고해 보자.

[봉사 활동] 2019.1~2019.6 가출 청소년 대상 상담 봉사
　　　　　　 (전국 ㅇㅇㅇ봉사회 소속)
[동아리 활동] 2019.3~2019.6 교내 창업 동아리 (정산 담당)

서명 입사지원서 하단에 다음과 같은 문구가 적혀 있을 것이다. '위 사항은 사실과 다름이 없음을 확인합니다.'

그 아래에 날짜와 지원자의 이름을 기재하고 서명을 날인하는데, 이를 쉽게 생각하고 넘어가면 안 된다. 모든 기재 사항에 대한 책임이 본인에게 있고, 허위 기재된 부분이 드러나면 합격이 취소될 수 있음을 최종적으로 확인하는 절차이다. 따라서 기재 사항과 다른 부분이 있다면 반드시 정정하고 제출해야 한다.

온라인 입사 지원 별도의 서류 작성 없이 온라인으로 입사를 지원하는 경우라면 다음 사항을 주의하도록 하자.

첫째, 채용시스템에서 권장하는 브라우저를 이용해라. 입사지원서 페이지가 크롬 또는 익스플로러 등 특정 브라우저만 지원하는 경우가 있다. 이외의 브라우저에서는 일부 기능이 정상적으로 작동되지 않을 수 있으니, 반드시 기업에서 권장하는 브라우저에서 지원서를 작성하자.

둘째, 작성 중 임시 저장을 신경 써라. 로그인 후 일정 시간 동안 입력이 없으면 개인정보 보호를 위해 자동 로그아웃이 되는 곳이 많다. 로그아웃되면 작성 중인 지원서가 날아갈 수 있으니 중간중간 꼭 임시 저장을 해 놓아야 한다.

셋째, 임박해서 제출하지 마라. 마감 시간이 임박하면 어떤 변수가 생길지 모른다. 지원자가 대거 몰려서 서버가 다운되거나 접수 오류가 생기는 경우가 종종 있기 때문이다. 그런 상황을 피하려면 서류 제출은 마감일을 여유 있게 남겨 두고 하는 게 좋다.

넷째, 최종 제출은 신중하게 해라. 최종 제출을 했어도 접수 마감일까지 내용을 수정할 수 있는 기업도 있지만, 한 번 제출하면 그만인 경우가 더 많다. 지원서 제출에 관한 안내 사항을 미리 읽어 보고 수정 가능한지를 체크해 두어야 한다. 제출할 때는 수정할 것이 없는지 꼼꼼히 살펴서 제출하길 권한다.

다섯째, 제출한 지원서는 반드시 출력해 두자. 입사지원서는 면접 시 질문 자료로 활용되니, 반드시 출력하거나 저장해 두어야 면접에 효과적으로 대비할 수 있다.

합격의 첫 관문은
자기소개서이다

세상에는 비슷한 제품들이 아주 많다. 유독 구미가 당기는 것도 있고, 눈길도 가지 않는 것도 있다. 눈에 띈다고 바로 구매로 이어지는 건 아니지만, 눈에 띄어야 구매 확률이 커지니 기업들은 제품 소개 하나하나에도 정성을 기울인다. 자기소개서도 이와 다르지 않다. 비슷한 스펙의 지원자 중 내가 선택되려면 자신을 그냥 드러내는 것으로는 부족하고, 아주 매력적으로 보이게 만들어야 한다.

'나는 이러한 면에서 당신 회사에 필요한 사람이다.'를 설득하는 데 필요한 것이 자기 PR이다. 한 방송 프로그램에서 유시민 작가가 자기 PR에 관해 조언한 적이 있다. 고개를 끄덕이게 할 만큼 공감

가는 내용이니 한번 귀담아들어 보자.

"자기 PR의 초점은, 나는 나에 대해서 100% 확실히 알고 상대방은 나에 대해서 전혀 모른다. 이걸 정보 불균형이라고 한다. 나는 거짓말을 할 동기를 가지고 있다. 잘 보이기 위해서. 상대방은 나의 말을 믿어 줘야 할 아무런 동기가 없다. 이게 자기소개 또는 자기 PR을 둘러싸고 있는 낯선 사람 둘 사이의 기본 관계이다. 이것을 인정하고 인식하고 나를 소개해야 한다. 첫째는 진실이 아닌 것을 쓰지 말아야 하고, 두 번째는 상대방이 관심을 가질 만한 정보를 중심으로 나를 소개해야 한다. 내가 중요하게 여기는 정보가 아니고. 철저히 PR은 나 중심이 아닌 상대방을 중심에 놓고 나에 대해 이야기하는 게 기본이다. 그렇게만 하면 건방지다든가 또는 잘난척한다든가 이런 이야기를 듣지 않고도 자기 PR을 할 수 있다."

– JTBC 〈비정상회담〉 82회(2015.1.25. 방영) 중에서

기업들이 자기소개서를 보려는 이유를 생각해 보자. 객관적인 스펙이 담겨 있는 이력서만으로도 충분히 인재를 선발할 수 있을 텐데, 굳이 자기소개서를 보려는 이유가 무엇일까? 스펙이 한 사람의 모든 것을 말해 주지 않음이 이유 중 하나일 것이다. 즉, 스펙만으로는 판단할 수 없는 것이 존재함을 의미한다. 예를 들어, 개인의 인성과 잠재력은 스펙이 보여 주기 어려운 항목들이다. 더군다나 스펙 비중이 줄어들고 스펙을 아예 보지 않는 회사까지 생겨나는

지금, 지원자를 판단할 수 있는 가장 중요하고 강력한 자료는 자기소개서일 수밖에 없다. 그런 면에서 자기소개서는 단순한 보충 자료 이상의 의미를 지닌다.

글은 그 사람의 생각과 성격이 묻어나게 마련이다. 자기소개서에 적힌 글을 통해서 개인의 가치관, 지원 회사에 대한 관심, 성격 등을 어느 정도 유추할 수 있다. 전문가에게 맡기거나 남이 쓴 자기소개서를 각색해서 제출하면 안 되는 이유가 여기 있다. 글은 세련되게 보일지 모르지만, 실제 지원자의 모습은 보이지 않기 때문이다. 운 좋게 면접까지 가더라도 노련한 감각을 가진 면접관들은 자기소개서와 일치하는 사람인지를 표정과 말투를 보며 걸러 낸다.

자기소개서에서 지원자의 애정 또한 들여다볼 수 있다. 어느 회사라도 상관없이 단지 취업이 목적인지, 아니면 우리 회사에 정말 입사하고 싶은지 대략 파악이 가능하다. 회사 입사를 위해 많은 고민과 준비를 해 온 사람은, 그렇지 않은 사람과 자기소개서에서 분명 차이가 느껴진다.

아무리 말을 잘하고 좋은 인성을 갖추고 있다 해도, 직접 보여 줄 기회가 없으면 아무 소용이 없지 않은가? 그러니 무조건 서류전형을 통과해야 한다. 그 관문을 통과하는 열쇠가 바로 자기소개서이다.

자기소개서 작성의 14가지 비법

자기소개서를 어떻게 써야 할까? 어떻게 하면 인사 담당자의 마음에 들 수 있을까? 결론부터 얘기하면, 자기소개서에는 정답이 없다. 너무 허무한가? 사람마다 가진 경험들이 다 다르고 그것을 표현하는 방법도 다르다. 그것을 순위로 매길 수 없다는 의미이다.

다만, 정답은 없더라도 요령은 존재한다. 좋은 결과로 이어진 자기소개서들은 몇 가지 공통점이 있다. 서류에서 매번 탈락한다면 지금부터 얘기하는 것들을 점검해 보고, 자기소개서를 보완하거나 아예 통째로 내용을 바꾸도록 하자. 거듭된 탈락에는 분명 이유가 있다.

보고 싶도록 만들어라

영화 내용이 내가 생각했던 방향으로 똑같이 전개된다면 어떨까? 갑자기 흥미가 떨어지고, 계속 보고 싶은 생각이 사라질 것이다. 사람들은 이처럼 '뻔한' 것들에 기대 심리가 없다.

자기소개서도 마찬가지다. 진부한 소재, 진부한 스토리, 진부한 구성에는 매력을 느낄 수 없다. '최선을 다하겠습니다.' '열심히 하겠습니다.' 정도밖에 기억이 안 나는 자기소개서의 주인공을 과연 면접에서 보고 싶을까? 취준생 중에 최선을 다하지 않을 사람은 없다. 지극히 당연한 말이다. 수많은 자기소개서를 읽는 담당자에게 '또?'라는 느낌이 들지 않게 써야 한다. 사람만 바뀌고 내용은 거기서 거기인 글들을 읽는 것도 힘든 일이다.

반면, 글에서 매력이 느껴지는 자기소개서가 있다. 문장력과는 별개로, 글의 주인공이 어떤 사람일지 궁금해지고 직접 보고 싶은 마음이 생기는 글이다. 우리는 그러한 기대를 불러일으키는 자기소개서의 주인공이 되어야 한다. 보고 싶어지도록 만들어라! 무조건!

사례를 통해 풀어내라

사례는 글을 집중하게 하고 오래 기억할 수 있게 만든다. 진정성을 느끼게도 해 준다. 사례를 쓰려면 진정성을 뒷받침할 근거가 필요한데, 이때 필요한 것이 경험이다. 막연하게 '최선을 다하는 사람이다.'라고 말하기보다는 어떠한 경험이 그런 이미지를 보여 줄 수 있는지를 생각해 보자. 뜬구름 잡는 좋은 말만 쓰인 글은 식상하다 못해 지루하기까지 하다. 요즘은 아예 자기소개서 항목 옆에 '사례를 바탕으로 기술하라'고 단서를 붙이는 기업도 있다. 그만큼 사례는 자기소개서를 작성하는 데 중요한 기술 중 하나인 것이다.

자기소개서에서 사례가 중요하다는 것은 이제 알았다. 그런데 그것을 어떻게 기술해야 할지 막막할 것이다. 다음의 두 가지 포인트만 염두에 두면 된다.

첫째, 사례는 구체적이어야 한다.

둘째, 그 사례를 통해 어떤 것을 얻었는지, 무엇을 생각하고 배웠는지가 담겨야 한다.

더 나아가, 그 경험이 지원 직무에 어떤 식으로 보탬이 될 수 있는지까지 포함한다면 썩 좋은 자기소개서가 될 것이다.

ⓐ 저는 책임감이 뛰어나고 부지런한 사람입니다. 어떤 일을 맡겨 주셔도 책임을 다할 자신이 있습니다.

ⓑ 저는 학교에서 매우 가까운 곳에 살고 있습니다. 그 때문에 선생님께서는 매일 아침 교실 문을 열어 놓으라는 임무를 주셨습니다. 초반에는 아침잠이 많아 일찍 일어나는 게 힘들었습니다. 하지만 저로 인해 다른 친구들이 피해를 볼까 봐 알람을 2개나 맞춰 놓고 자곤 했습니다. 사실, 적응하기까지 한동안 피곤했지만, 학교에 도착했을 때 교실 문이 열려 있어 좋다는 친구들의 얘기를 들을 때마다 기분이 좋았습니다.

이 경험을 통해 저는 세 가지를 얻었습니다. 첫째는 제가 누군가에게 보탬이 될 수 있는 사람이라는 사실에 즐거웠습니다. 둘째, 알람 없이도 일찍 일어나는 습관이 배어 부지런해졌습니다. 마지막으로 매일 일찍 등교해서 예습하다 보니 성적도 향상되었습니다.

위 예에서 어떤 사람이 더 책임감 있는 사람으로 느껴지는가? 당연히 ⓑ가 아닐까? ⓐ도 물론 부지런함과 책임감을 언급하고 있지만, 그걸 알 수 있는 단서가 아무것도 없다. 그에 반해 ⓑ는 책임감을 엿볼 수 있는 노력의 과정이 구체적으로 드러나 있다. 그뿐 아니라 성장 가능성이 있는 사람으로 인식하기에 충분한 내용이다. 이게 바로 사례의 힘이다. 다시 한 번 강조한다. 사례를 통해 풀어내되 단순한 나열로 그치면 안 된다. 자신의 경험에서 배우고 느꼈던 점을 담아내야 좋은 점수를 받을 수 있다는 것을 명심하자.

한두 가지의 경험에 포인트를 두고 써라

많은 경험을 주루룩 나열하는 경우가 있다. 남들보다 많은 경험을 했다는 것을 보여 주고 싶은 마음은 이해하지만, 한두 가지의 중요한 경험에 포인트를 두고 작성하는 게 좋다. 예를 보자.

ⓐ 후회 없는 학창 시절을 보내고 싶어 3년 내내 홍보 동아리, 필리핀 봉사 활동, 배식 봉사, 임원 활동 등을 했습니다. 홍보 동아리에서는 전공인 마

케팅과 관련된 활동들을 주로 했고, 필리핀 봉사 활동에서는 폐지 줍기를 했습니다. 주말에는 노숙자들을 위해 배식 활동도 했습니다. 그리고 회장으로 선출되어 친구들의 불편함을 학생 대표로 전하는 역할을 했습니다.

ⓑ 후회 없는 학창 시절을 보내고 싶어서 동아리, 봉사 등 교내외 활동에 적극적으로 참여했습니다. 그중에서 가장 기억에 남는 것은 부모님의 권유로 가족들과 함께 떠난 필리핀 봉사 활동입니다. 현지 학생들이 좀 더 청결한 환경에서 공부할 수 있도록 폐지 줍기를 했는데, 저는 집안 가득 쌓여 있는 쓰레기 더미를 도맡아 청소했습니다. 열악한 환경에서도 열심히 공부하는 그곳 학생들을 보니, 매일 좋은 환경에서도 온갖 핑계를 대고 공부를 게을리했던 제가 부끄러웠습니다. 그 이후로 제가 가진 사소한 것에도 감사할 줄 아는 사람이 된 것 같습니다.

ⓐ는 경험을 나열하는 방식으로 작성했다. 무엇을 했다는 게 많기는 한데 눈에 딱 들어오는 건 없어 보인다. 반면에 ⓑ는 교내외 활동 중, 가장 기억에 남는 봉사 활동을 중심으로 작성했다. 어떤 봉사를 했는지, 그 경험으로 무엇을 느꼈는지, 어떤 영향을 받았는지 등 봉사 활동과 관련한 구체적인 스토리가 잘 드러나 있다. 이를 통해 지원자의 인성 또한 느낄 수 있다.

위의 사례와 같이 많은 경험을 나열하듯 기술하지 말고, 자신을 가장 매력적으로 보여 줄 수 있는 경험을 골라서 '구체적'으로 제시하는 게 낫다.

특별한 경험이 아니라 특별한 시각으로 써라

사례를 쓰라고 하면 쓸 얘기가 없다는 학생들이 많다. 자기소개서에 특별한 얘기를 써야 한다는 고정관념 때문이다. 거창한 스펙과 관련된 경험만을 찾으려다 보니, 쓸 얘기가 없다고 느끼는 것이다. 고등학생의 경험 스펙트럼은 대학생들처럼 다양하지 않다. 학생회, 동아리, 혹은 대외 활동이나 경진대회에 참가하는 게 고작이다. 대학생처럼 국토 대장정이나 배낭여행을 가서 특별한 경험을 쌓고 온 사람도 많지 않을 테고 말이다. 채용 담당자들도 이 점을 잘 알고 있다. 중요한 것은, 모두가 같은 경험을 했다고 해도 그 경험을 다른 시각으로 풀어내는 데 있다.

여기 해외로 수학여행을 다녀온 두 명의 학생이 있다. 한 명은 유명 관광지를 둘러보며 신기하고 재미있었던 단편적인 사실들 위주로 글을 작성했다. 다른 학생은 다른 나라의 문화와 그것을 존중하는 방식을 배우게 되었다는 것에 포인트를 두고 접근했다. 어떤 사람의 글이 좀 더 인상적으로 다가올까?

똑같은 경험을 하더라도 그것을 바라보는 시각의 차이가 그 경험을 특별하게 만들어 준다. 그 시각의 틀을 '프레임'이라고 한다. 어떤 프레임을 갖고 보느냐에 따라 같은 세상도 다르게 보일 수 있다. 결국, 자기소개서의 가장 중요한 핵심은 시각을 차별화하여 솔직하고 진정성 있게 풀어 가는 것이다. 차별화가 특별한 경험으로부터만 나올 수 있는 것이라는 편견을 버려라. 전문가로부터 첨삭받은 듯 세련된 문구로 가득한 자기소개서는 필요 없다. 투박하더라도 솔직한 내 경험을 '특별한 시각'으로 풀어내는 것이 무엇보다 중요하다.

합격자의 자기소개서가 정답은 아니다

"글자 수가 너무 많아서 어떻게 채워야 할지 모르겠어요."

"무엇을 적어야 할지 막막해요."

자기소개서를 눈앞에 두고 막막해진 학생들은 이런 고민을 말하곤 한다. 이런 이유로 취업 카페나 인터넷에 떠도는 '합격 자기소개서'라는 것을 내려받아 무분별하게 옮겨 적는 경우가 허다하다. 학생들의 자기소개서를 첨삭하다 보면 정말 비슷비슷한 내용을 많이 보게 된다.

그런데 한번 생각해 보자. 그것이 정말 합격자의 자기소개서일까? 합격 여부에 대해 검증할 방법도 없을뿐더러 설령 합격자의 것이라 해도 그것이 정답은 아니다. 물론, 글을 어떻게 쓸지 참고하는 정도라면 괜찮다. 하지만 무분별한 카피로 이어지면 곤란하다.

내가 감당할 수 있는 이야기만을 써라

자기소개서는 서류전형 통과만을 위한 서류가 아니다. 제출한 서류는 면접관들의 질문을 통해 그대로 확인받게 된다. 다른 이의 자기소개서를 카피하면 안 되는 이유도 여기에 있다. 내가 해 보지 않은 것을 해 본 것처럼 써서 운 좋게 서류는 통과했다고 치자. 심층 질문이라도 받게 되면 어떻게 할 것인가? 내가 겪었던 일이라면 아무리 어려운 질문이라도 문제 될 게 없다. 실제로 경험한 일을 얘기하는 게 그리 어려운 일은 아니니까. 남의 에피소드는 어떤가? 자기소개서에 적힌 내용 정도는 얘기할 수 있을지언정, 심층 질문이라면 즉흥적으로 답을 지어내는 데 한계가 올 수 있다. 당황하면 표정과 말에서 사실 여부가 드러나게 마련이다.

몇 년 동안 영어 회화를 공부했다는 내용을 적은 학생이 있었다. 학생은 면접에서 다음과 같은 질문을 받았다.

"몇 년 동안 영어회화를 공부했다고 적혀 있는데, 영어로 자기소개를 간단히 해 보세요."

예상치 못한 요청에 당황한 그 학생은 꿀 먹은 벙어리가 되었다고 한다. 영어를 시킬 거라고는 생각하지 못했던 것이다. 면접관 입장에서 한번 생각해 보자. 영어회화를 몇 년이나 꾸준히 했다는데 어느 정도 실력이 되는지 알아보고 싶은 맘이 들지 않을까? 그런데 그 학생은 그 점에 대해서는 간과했던 것이다. 면접 결과는 예상대로 불합격. 답을 하지 못한 아쉬움이 자신감을 떨어트렸고, 그러고 나니 이어지는 질문들에도 제대로 답을 못 했다고 한다.

자기소개서는 포장을 잘해야 한다고 흔히들 말한다. 그런데 여기서 말하는 포장의 의미는, 없는 얘기를 지어서 쓰라는 것이 아니다. 있는 얘기라도 감당할 수 없는 것이라면 피해야 한다. 내 얘기를 적되, 내가 감당할 수 있는 범위 안에서 작성해야 함을 꼭 명심하자.

꼬리 질문을 염두에 두고 써라

한 학생이 아르바이트 경험을 자기소개서에 이렇게 적었다.

'기존 직원보다 업무를 더 빨리 파악하는 것을 눈여겨본 팀장님으로부터 정식 입사를 제안받기도 했습니다.'

자신의 역량을 어필하기 위해 쓴 내용이지만, 꼬리 물기형 질문을 받게 될 가능성이 높다. '능력 있는 지원자구나.'라는 생각보다 '그 제안을 받고 왜 입사를 안 했을까?' 하는 의문점이 들기 때문이다. 이를 충분히 설득시킬 자신이 없다면, 의문의 소지가 있는 내용과 표현은 애초부터 피하는 게 좋다.

똑같은 내용으로 질문 항목을 채우지 마라

자기소개서 첨삭을 하다 보면 질문 항목은 다른데 내용이나 에피소드가 비슷한 경우를 많이 본다. 2020년도 근로복지공단의 신입사원 공개채용에서 나온 자기소개서의 일부 항목을 먼저 살펴보자.

1) 직업을 선택할 때 가장 중요하게 생각하는 기준은 무엇이며, 근로복지공단을 지원한 동기와 결부시켜 기술

2) 지원한 직무에 전문성을 갖추기 위해 어떠한 노력을 기울였으며, 그 결과 타인과 차별화된 본인만의 역량은 무엇인지 기술

3) 예상치 못했던 어려운 상황에서 문제점을 분석하여 해결방안을 제시하였던 경험에 대해 기술

4) 본인의 삶에서 가장 중요하게 여기는 가치는 무엇이며, 공단 직원으로서 직업윤리의 중요성을 본인의 가치관 중심으로 기술

위의 네 가지 항목에 대해 학생들이 쓴 내용을 요약해 보면 대개 이런 식이다.

1) 얼마나 책임을 다할 수 있는 일인지가 중요한 기준임
2) 동아리 활동의 리더로서 책임감 있게 동아리를 이끌었음
3) 남들이 다 포기하는 상황에서 리더로서 책임감을 발휘하여 프로젝트를 완성함
4) 가장 중요하게 생각하는 가치는 내가 맡은 일에 책임감을 다하자는 것임

1번에서 4번까지 모두 '일관성 있게' 책임감에 대한 내용이 빠지지 않는다. 네 항목에서 묻고자 하는 바가 각기 다름에도 불구하고 말이다. 일관성이 중요한 건 맞지만, 내세울 것이 오직 책임감뿐인 사람으로 보이는 것도 곤란하다.

이런 내용 구성이 되지 않으려면 항목마다 적절한 키워드를 배치해 놓고 작성하는 게 좋다. 첫 번째 항목에는 어떤 키워드가 들어갈지, 같은 방식으로 두 번째, 세 번째 항목에 들어갈 적절한 키워드를 먼저 적어 보는 것이다. 이렇게 키워드를 먼저 배치한 후 작성에 들어가면, 내용이 겹치지 않고 다양한 모습을 보여 줄 수 있는 구성이 된다.

인재상과 나의 닮은꼴을 찾아라

우리는 이제부터 기업의 인재상과 친해져야 한다. 회사 홈페이지에 나와 있는 인재상은 단순히 소개용으로 기재되어 있는 게 아니다. 회사에서 어떤 인재를 원하는지, 어떤 인재를 뽑을지에 대한 일종의 가이드라인이다. 따라서 회사의 성격에 따라 요구하는 인재상도 다르다.

예를 들어 돈을 다루는 은행은 어떤 점을 중요시할까? 돈에 직접 관련된 일들을 해야 하므로 개인의 품성이나 가치관이 다른 업종보다 더 큰 부분을 차지할 수밖에 없다. IT 회사의 경우는 어떨까? 보수적인 사람보다는 창의적이고 도전적인 인재를 원할 것이다. 이렇게 회사 특성과 업무의 성격, 추구하는 가치에 따라 희망하는 인재의 모습이 달라진다. 인재상은 이러한 점들이 함축된 것이다.

그렇다면 자기소개서에 인재상을 어떻게 활용하면 좋을까? 먼저, 기업의 인재상과 자신과의 공통점을 찾아내서 연결하는 게 중요하다. 즉, 기업에서 찾는 인재상이 곧 '나'임을 보여 줘야 한다는 얘기다.

기업의 인재상과 그에 따른 자기소개서 작성 예시를 살펴보자.

- **한국전력 인재상** 무한 경쟁 글로벌 시장에서 패기와 열정으로 창의적이고 혁신적인 미래 가치를 실행할 수 있는 인재상을 추구합니다.
- **지원자 자기소개서** 무한 경쟁 글로벌 시장에서 패기와 열정으로 창의적이고 혁신적인 미래 가치를 실행할 수 있는 인재가 되겠습니다!

어떤가? 한눈에 봐도 홈페이지에 적힌 내용을 그대로 옮겨 적은 수준이다. 실제로 많은 학생이 이렇게 적고 있다. 인재상을 활용하라는 얘기는 회사에서 요구하는 인재가 어떤 사람인지를 분석해서 내가 회사에 적합한 인재임을 보여 주라는 말이다. 그런데 인재상을 글자 그대로 베껴 쓰면 아무런 의미가 없다. 성의도 없어 보인다. 같은 말을 반복하듯 쓰지 말고, 인재상에서 말하는 키워드들이 자연스럽게 떠오르도록 해야 한다. 달리 말하면, 인재상에서 말한 그 모습이 자신에게도 있다는 것을 보여 줄 수 있어야 한다. 그렇게 하면 성공이다.

스파이더맨이 되라

자기소개서는 '나'로부터 출발하여 '회사'에 도착하는 것이다. 출발과 도착을 연결하는 선이 끊기지 않게 잘 연결해 주는 게 중요하다. 그 선이 나에게만 머물러서는 안 되고, 중간에 끊겨도 안 된다. 엉뚱하게 다른 지점으로 연결되어서도 안 된다. 우리는 나와 회사를 단단한 거미줄처럼 연결하는 스파이더맨이 되어야 한다. '나는 회사가 원하는 인재의 모습을 갖추었고, 지금까지 내가 했던 경험들은 모두 이 회사에서 일하기 위한 준비 과정이었다.'를 보여 주는 게 관건이다. 성격, 봉사, 아르바이트…, 무엇이라도 좋다. 내가 가진 모든 소재를 망라해서 회사와 연결하고 직무와 연결하여 드러내라. 그게 핵심이다.

단점을 적극 활용해라

단점은 무조건 불리한 것으로 생각해서 숨기려고만 하는 경향이 있다. 하지만 채용에서의 단점은 특징 없는 장점보다 힘이 세다. 다만, '단점'이라는 것에 '극복'이라는 것이 더해지면 말이다. 아래 예시를 통해 단점을 어떻게 활용하면 좋을지 참고해 보자.

저는 기억력이 좋지 못한 것이 단점이었습니다. 한번은 음식점에서 아르바이트하다가 손님이 특별히 요구한 사항을 잊어버리고 주문서만 주방에 전달했습니다. 그날 그 손님에게 무척 혼쭐이 났습니다. 제가 부주의해서 일어난 일이기 때문에 손님에게 정중히 사과드리고 난 후, 앞으로 어떻게 하면 이런 일이 없을까를 고민했습니다. 손님들의 요청 사항을 포스트잇에 자세하게 메모하여 주문서와 함께 주방에 전달하기로 했습니다. 그렇게 바꾼 이후부터 실수가 없어졌고, 손님들로부터 고맙다는 말까지 듣게 되었습니다. 주방에서도 저의 꼼꼼한 메모 덕분에 음식이 잘못 나오는 경우가 없어졌다고 칭찬해 주셨습니다. 지금은 메모 없이도 기억을 잘하게 되었지만, 일을 더욱 확실히 하자는 생각으로 습관을 지켜 나가고 있습니다. 이런 습관은 제가 어떤 업무를 맡게 되더라도 확실함을 추구하는 사람으로 인정받는 기반이 될 것이라 믿습니다.

위의 예에서 단점을 단순히 언급하는 것만으로 끝났더라면 마이너스가 될 소지가 있다. 하지만 단점을 스스로 극복하기 위해 노력했던 내용에서 이미지가 반전된다. 이때부터는 단점에 대한 우려보다는 노력하는 사람이라는 긍정적 이미지가 부각된다. 스스로 변화할 가능성을 지닌 사람이라는 데 자연스레 무게가 실리는 것이다.

누구나 단점을 가지고 있다. 회사 업무에서도 분명 단점으로 작용할 것이고, 치명적인 영향을 끼칠지도 모를 일이다. 하지만 어떻게 효과적으로 단점을 드러내느냐에 따라 이미지가 달라질 수 있다. 단점을 무조건 숨기기보다는 활용하는 전략을 세워 보자. 단점마저 장점으로 보이게 하는 능력, 이것이 자기소개서의 기술이다.

가독성을 높여라

어떤 글이든 가독성을 높이는 것은 중요하다. 특히 자기소개서처럼 읽는 사람이 정해져 있고 목적이 분명한 글들은 더욱 철저하게 이 점을 고려해야 한다. 가독성을 높이는 것은 곧, 자기소개서 전략인 셈이다.

가독성을 높이는 방법은 다양하다. 문서프로그램으로 작성한다면 글꼴이나 단락만 잘 활용해도 가독성이 좋아진다. 강조해야 할 글자에 색상을 넣거나 자간을 조절하는 등의 편집이 그 방법이다. 읽는 사람을 배려하는 장치들이 내용만큼이나 중요할 때가 있다.

온라인 입사 지원 시스템이라면, 아쉽게도 이러한 문서 편집 기능들을 적용하기가 힘들다. 이때는 단락 나누기, 소제목 넣기 등을 활용해 볼 수 있다. 띄어쓰기가 되어 있지 않거나, 단락 구분 없이 계속 이어진 글은 내용이 아무리 좋아도 금세 피곤함을 느끼게 된다. 반대로 띄어쓰기가 잘되어 있고 단락이 시원스럽게 나누어져 있으면 가독성이 높아져서 글 읽기가 한결 수월하다.

마찬가지 측면에서 소제목도 좋은 장치다. 긴 글을 읽다 보면 내용이 한눈에 잘 들어오지 않을 수 있다. 그럴 때 제목을 하나 집어 넣음으로써 좀 더 집중이 된다. 제목 하나가 본문을 읽고 싶도록 유도하는 것이다. 자기소개서에 소제목을 꼭 넣어야 한다는 원칙은 없지만, 이런 효과 때문에 소제목 추가를 고려해 볼 만하다.

그렇다면 소제목은 어떻게 지어야 할까? 분명 스팸 메일인 줄 아는데 이상하게도 읽고 싶은 제목이 있다. 실상 읽어 보면 별 내용이 아닐 때가 많지만, 클릭을 유도하는 것만큼은 성공한 셈이다. 인터넷 기사 제목도 마찬가지다. 자기소개서 제목도 그렇게, 담당자가 꼭 읽어 보고 싶은 제목을 만드는 데 중점을 두어야 한다.

자기소개서의 '읽게 만드는 제목'은 다음과 같이 두 가지로 정리해 볼 수 있다. 첫째, 궁금증을 유발하는 제목, 둘째, 내용을 아우르는 제목이다. 합격한 학생들의 자기소개서 소제목을 참고해 보자.

- 아버지의 눈물, 나를 일으켜 세우다
- 꼴찌 소년이 이룬 꿈
- 21세기에 다시 태어난 장영실
- 5만 원으로 인생을 뒤집다
- 최상의 서비스를 받아 보시겠습니까?

인사 담당자는 셜록이 아니다

자기소개서를 읽다 보면 상황 파악이 힘든 글이 있다. 다음의 예를 보자.

소극적인 성격을 변화시키고자 동아리에 가입하여 열심히 활동했습니다. 여러 가지 활동을 통해 성격도 적극적으로 변했고, 책임감에 대해서도 배웠습니다.

별생각 없이 읽으면 무난하게 느껴지는 자기소개서이다. 하지만 이 글은 여러 가지 면에서 부족하다. 어떤 동아리에서 활동한 건지, 어떤 활동을 했다는 건지, 그 동아리에서 자신은 어떤 역할을 한 건지 도대체 알 수가 없다. 지원자를 파악하도록 돕는 내용이 아니라, 의문점만 가득한 글이다.

생각 이상으로 많은 지원서가 접수된다. 담당자들이 자기소개서를 전부 다 읽기에도 벅찬데, 지원자의 상황과 의도까지 생각하면서 읽을 시간은 더더욱 없다. 자기소개서 내용이 마치 '내가 뭘 했는지 맞춰 봐라!' 식이라면 그 자기소개서의 주인은 합격자 명단에서 찾아볼 수 없을 것이다.

수수께끼 같은 글은 결코 좋은 글이 될 수 없다. 자기소개서는 일기가 아니다. 나만 이해할 수 있는 표현과 내용은 지양하고, 상대방이 쉽게 내용을 파악할 수 있도록 써야 한다. 철저하게 읽는 사람을 생각해서 글을 써라.

고치고 또 고쳐라!

작가들은 책 한 권을 쓰기 위해 초안을 작성하고 퇴고 과정을 수없이 거친다. 어떤 글이든 여러 번 다듬는 과정을 거쳐야 매끄러워진다. 자기소개서도 여러 번 살을 붙이고 빼는 작업을 거치다 보면 완성도가 높아질 수밖에 없다. 한두 번 수정한 것에 만족하지 말고 괜찮다고 느껴질 때까지 고치고 또 고쳐라! 그래야 면접의 기회가 활짝 열린다.

주제별 자기소개서 가이드

자기소개서의 질문 항목이 점점 직무 중심으로 변화하고 있지만, 성격, 활동, 지원 동기 등은 예나 지금이나 자기소개서의 단골 항목으로 등장한다. 다만, 이러한 주제들을 어떻게 직무능력과 연관하여 활용할 것인지에 대해 고민이 필요하다. 자기소개서 항목별로 어떻게 작성하는 게 좋을지 살펴보자.

성장 과정 성장 과정에 대한 첫 문장은 대개 이렇게 시작한다.
'저는 소프트웨어 개발자이신 아버지와 은행원이신 어머니 사이에 2남 1녀 중 장남으로 태어났습니다.'

자기소개서는 말 그대로 지원자 본인에 대한 소개 글이다. 여기서 우리가 써야 하는 글은 철저히 취업에 맞춘 글이어야 한다. 즉, 지원자를 꼭 뽑아야 할 이유가 누군가의 마음에 생겨나게 써야 한다는 의미다. 부모님이 무슨 일을 하시는지, 본인이 몇 번째로 태어났다는 내용은 어떤가? 자신을 뽑아야 하는 이유를 설명하는 데 그다지 영향력이 없고, 호감을 끌기도 어렵다. 빼도 그만인 내용이라는 말이다.

그러나 이런 식상한 소재도 기술하는 방법에 따라 호감 가는 내용으로 바뀔 수 있다. 요리를 생각하면 이해가 빠르다. 같은 재료를 가지고도 어떻게 만드느냐에 따라 맛이 달라지는 것처럼 자기소개서도 마찬가지다. 소재를 어떻게 활용하느냐에 따라 글의 방향이 달라진다.

평가자 관점에서 보면 부모님 직업 소개는 관심이 덜할 수밖에 없다. 지원자 본인의 얘기를 듣고 싶지, 부모님의 직업이 궁금하겠는가! 하지만 부모님의 직업이 자신에게 어떤 영향을 끼쳤는지 밝힌다면 얘기가 달라질 수 있다. 지원자가 장남으로 태어났다는 것 역시 흥미를 주지 못하는 단순 정보이나, 장남이었기 때문에 책임감이 남달랐다는 식의 성격적 장점을 얘기할 때는 설득력을 보탤 수 있다.

성장 과정을 쓸 때도 요령이 있다. 일대기 형식의 나열이 아닌 지금의 나를 기준에 두고 한두 가지의 인상적인 경험이나 사건에 초점을 맞춰 작성하는 게 좋다. 지금까지 자라오면서 어떤 경험이 자신에게 중요한 영향을 미쳤는지가 핵심이다. 최종 합격한 학생의 성장 과정 예시를 한번 참고해 보자.

어릴 적 아버지의 사업 문제로 인해 전학을 많이 다녔습니다. 초등학교 5학년 때, 경상도에서 서울로 전학을 오게 되어 새로운 환경에 적응이 힘들었습니다. 친구들은 '서울 아이'가 아니라는 이유로 놀렸고, 억울하고 속상한 저는 자신감이 자꾸만 줄어들었습니다.

하지만 어느 순간, 나부터 변화해야겠다는 생각이 들었습니다. 친구들과 친해지기 위해 먼저 다가가고, 말을 걸으려 노력했습니다. 친구들은 점점 저에게 마음을 열어 주었고, 학급회장으로 당선될 정도로 친구들의 관심과 지지를 받게 되었습니다.

이러한 경험은 이후 몇 차례 전학과 고등학교 진학 시에도 도움이 되어, 처음 보는 친구들과 어려움 없이 친해지고 변화에 빠르게 적응하도록 했습니다.

성격 자기소개서에 성격의 단점을 기술하는 것이 무조건 마이너스는 아니라고 언급한 바 있다. 부담스럽게 생각하지 말고, 단점뿐 아니라 그 단점을 고치기 위해 어떻게 노력했는지 분명하게 드러나도록 기술하자. 또한, 자신의 단점이 업무에서는 장점이 될 수 있다는 것을 설득력 있게 보여 주어야 한다. 예를 들어, 하나에 몰두하면 다른 것을 신경 쓰지 못하는 단점은, 그만큼 주어진 업무에 집중해서 일을 완벽하게 처리할 수 있는 사람이라고 바꿔 말할 수도 있다. 그야말로 장점 같은 단점이다.

성격은 중요한 선발 기준 중 하나이므로, 미리미리 자신의 성격을 분석해 둘 필요가 있다. 자신의 성격을 파악하기 힘들다면 주변 사람들의 얘기를 들어 보는 것도 좋은 방법이다. 타인의 시선으로 볼 때 좀 더 객관적인 나의 모습을 확인할 수 있기 때문이다. 스스로 알지 못했던 의외의 모습을 듣게 될지도 모를 일이다.

활동 활동 관련 내용을 적을 때는 다음 사항을 포함해서 작성할 것을 권한다.

- 구체적으로 무슨 활동을 했는지
- (여러 명이 참여했다면) 몇 명의 사람들이 참여했는지
- 내 역할은 무엇이었는지
- 활동으로 배운 게 뭔지

다른 지원자들과 차별된 활동을 골라내는 것이 목적이 아니다. 활동 과정에서 지원자의 생각과 태도를 보고자 하는 숨은 의도를 간파하고, 그에 맞는 내용으로 작성해야 한다. 다음 예시를 보자.

고등학교 2학년 때 '마케팅과 광고'라는 과목의 수행평가로 창업 활동을 했습니다. 팀을 짜서 아이템을 기획하고 판매하는 활동이었는데, 저희 팀 6명은 많은 학생들이 아침을 거르거나 밥이 아닌 빵

으로 식사를 대신한다는 점에 착안하여 밥버거를 만들어 팔기로 했습니다. 제가 맡은 일은 판매였습니다. 1학년 때 홍보부 활동을 하며 얻은 자신감과 친화력을 무기로 열심히 한 결과, 30분 만에 매진이라는 기록을 세웠습니다. 준비 과정에서 메뉴 개발을 비롯한 몇몇 어려움도 있었지만, 조원들과 협력하여 하나씩 해결해 나갔습니다. 기획부터 판매까지 모든 것을 직접 해 본 경험이 매진이라는 기록으로 다가오니 보람과 뿌듯함을 느낄 수 있었습니다. 무엇보다 조직의 업무 성과에 있어 구성원 간의 '팀워크'가 얼마나 중요한 요소인지 깨달을 수 있었던 값진 경험이었습니다.

성적 성적도 좋은 소재가 될 수 있다. 물론, 자기소개서에서 성적을 직접 묻지는 않는다. 다만, 노력과 성취의 경험을 보여 줘야 하는 항목에서 빠질 수 없는 소재가 성적이다. 뛰어난 성적을 드러내라는 말이 아니다. 학업 과정을 얼마나 충실히 이행했는지를 보여 주는 척도로서의 성적은 이력서만으로도 충분하다. 자기소개서의 존재 이유가 성적이 뛰어난 사람을 재확인하는 데 있지 않다는 것을 명심하자.

대관절 성적을 어떻게 쓰란 말인지 궁금할 것이다. 인재 선발의 중요한 기준 중 하나인 '발전 가능성'에 성적을 결부해 보자. 처음부터 끝까지 1등만 했다는 얘기보다는, 처음에는 좋지 않던 성적이 어떤 계기로 열심히 하게 되어 꾸준히 성적이 올랐다는 얘기가 더 좋은 점수를 받을 수 있다. 다음 사례를 보자.

고1 때까지 축구부 선수로 활약하던 저는 부상으로 운동을 못 하게 되었습니다. 진로를 갑자기 변경해야 하는데, 운동만 하던 저로서는 어디서부터 어떻게 시작해야 할지 몰랐습니다. 하지만 이대로 졸업하면 아무것도 안 되겠다는 생각에 그날부터 우등생들에게 공부 방법을 물어보면서 매일 집 근처 도서관에서 공부했습니다. 기초가 워낙 없었기 때문에 성적이 좀처럼 오르지 않았지만, 조금이라도 나아지고 있다는 즐거움에 도서관 자리를 항상 지켰습니다. 그 결과 고2 기말고사에서 상위권 성적을 받을 수 있었고, 취업에 필요한 자격증도 여러 개 취득하게 되었습니다.

실패담 실패 경험이 없는 사람은 개인적으로는 대단할지 몰라도, 역으로 생각해 보면 삶에서 그리 많은 도전을 해 보지 않은 사람일 수 있다. 회사 차원에서는 그리 매력적인 사람은 아니라는 말이다. 그러므로 자랑인 양 실패 경험이 없음을 드러내는 것은 지양하는 게 좋다. 실패담을 어떻게 써야 할지 다음의 사례로부터 파악해 보도록 하자.

고등학교 1학년 때 학교 축제의 장기자랑에 친구 두 명과 함께 반 대표로 나갔습니다. 한 명은 앞에서 노래하고 저와 다른 친구는 뒤에서 백댄서를 하며 안무 연습을 했습니다. 축제 당일이 되니 친구들에게 잘 보이고 싶다는 욕심에, 준비한 안무와 상관없고 노래와도 어울리지 않는 현란한 춤으로 시선을 끌었습니다. 친구들도 당황한 나머지 노래는 뒷전이 되었습니다. 결국, 공연은 아수라장이 되어 시상권에도 들지 못했습니다. 저 자신이 너무나 부끄러웠습니다. 하지만 이를 계기로 팀워크에 대해 중요한 깨달음을 얻었습니다. 이후로 공동 과제에서는 팀 전체를 빛내기 위해 애썼고, 저로 인해 다른 사람이 피해 보지 않도록 잠을 줄이면서까지 제 역할을 다하기 위해 노력했습니다.

어떤가? 실패담을 말하고 있지만, 어떤 실패를 했느냐에만 초점을 맞추지 않았다. 실패하는 과정은 물론이고, 그것으로부터 느낀 점과 극복하기 위한 노력까지 잘 드러낸 글이다. 실패담을 쓸 때 유념해야 할 포인트를 다시 정리해 보자.

- 어떤 실패를 했는지
- 실패 과정에서 어떤 것을 느꼈는지
- 실패를 바라보는 자신의 태도
- 실패를 극복하기 위해 자신이 어떤 노력을 했는지

가치관　가치관은 한 사람의 삶에 관한 태도를 엿볼 수 있는 항목이다. 가치관을 기재할 때는 회사의 인재상과 회사가 추구하는 가치에서 연결고리를 찾아봐야 한다. 예를 들어 회사가 추구하는 가치 중 하나가 '청렴'이라면, '노력 없이 쉽게 얻을 수 있는 것들은 처다보지도 말자'와 같은 가치관과 연결해 볼 수 있다.

지원 동기 지원 동기는 어떤 회사를 지원해도 빠지지 않는 질문이고, 면접에서도 재차 이 부분을 확인할 만큼 중요한 항목이다. 명백한 동기 없이 그냥 '합격하고 보자!' 식으로 지원한 사람들은 입사하더라도 오래 버티지 못하고 그만두는 경우가 허다하다. 이러한 이유로 기업에서 지원 동기를 비중 있게 보고 있다. 그러니 '왜 이 회사여야 하는지'를 진정성 있게 얘기하고, 믿음을 주는 게 관건이다. 어느 회사에서든 써먹을 수 있는 '뻔한' 얘기로는 인사 담당자의 마음을 사로잡기 힘들다는 것을 잊지 말자.

포부 포부도 단골 주제이다. 포부는 마음속에 지니고 있는 미래에 대한 희망 또는 계획을 의미한다. 간혹, 결혼 같은 사적인 계획을 적는 사람들이 있다. 자기소개서는 개인의 사생활에 초점을 맞추는 게 아니라, 철저히 사회인으로서의 개인적 비전을 제시해야한다. 회사에서 자신의 위치나 직무를 고려하여 5년 후, 10년 후 등의 구체적인 미래 계획을 적어 주면 좋다.

서류 광탈을 부르는 7가지 유형

언제부터인가 상당수의 공공기관이 입사 지원자 전원에게 필기 전형 응시 기회를 부여하고 있다. 말 그대로 서류전형은 형식적 절차인 셈이다. 하지만 어처구니없게도 이 전형에서마저 탈락하는 사람들이 나온다.

2020년 한국자산관리공사의 채용형 청년 채용을 예로 들어 보자. 한국자산관리공사는 6급 고졸 금융일반직에 8명을 뽑는다고 공고했다. 이 공고에 655명이 응시했는데 1차 선발자는 총 646명. 9명은 서류전형에서 탈락했다는 얘기다. 이들은 대체 어떤 기준으로 탈락했을까? 당시 서류전형에는 단서가 하나 붙어 있었다.

지원 자격 미충족 및 입사지원서 불성실 작성자 등을 제외한 지원자 전원에게 필기전형 응시 기회 부여

입사지원서 불성실 작성 유형을 살펴보면 입사지원서 문항과 무관한 내용으로 지원서를 작성하거나 문항 미기재(공란), 글자 수 미준수, 2개 문항 이상을 동일한 내용으로 작성 등이 포함되어 있었다. 9명은 이 기준에 부합하지 않아 탈락했다는 얘기다.

탈락을 목적으로 입사지원서를 작성하는 사람은 없을 것이다. 구직자라면 채용공고 하나하나에 공을 들여야 한다. 어디서 뜻밖의 기회가 찾아올지 모르기 때문이다.

열심히 공들여 작성했는데도 불구하고, 서류에서 자꾸 탈락한다면 다음의 7가지 유형에 해당 사항이 없는지 한번 살펴보는 게 좋겠다.

내 멋대로 지원서 양식 입사지원서를 온라인 시스템에 직접 입력해야 하는 경우가 아니라 이메일로 받는 경우라면, 먼저 회사 고유의 지원서 양식이 있는지부터 알아봐야 한다. 별도로 정해진 양식 없이 자유 양식을 허용한다는 얘기가 있다면 상관없다. 그러나 정해진 양식이 있는데도 이를 무시하고 자유 양식으로 내서는 안 된다. 아울러 정한 지원서 양식을 임의로 변형하는 것도 금물이다. 양식은 효율성이라는 측면 외에도 기업이 보고자 하는 사항이 반영된 것임을 명심하자.

글자 수 제한 기업들 대부분은 자기소개서의 최대 글자 수를 제시하고, 최소 글자 수까지 제한하기도 한다. 과연 어느 정도를 써야 좋을까? 예를 들어, 한 항목을 800자로 제한했다면, 적어도 750~780자 정도는 써야 보기 좋게 느껴진다.(글자 수 확인 방법은 83p 참조) 쓸 내용이 없다는 이유로 절반도 채우지 않는 사람들이 간혹 있는데, 그 상태로 합격을 기다리는 건 너무 욕심이 많은 게 아닐까? 내용은 그렇다 치더라도 최소한의 성의는 보여야 한다. 한눈에 봐도 빈약해 보이는 내용에 높은 점수를 기대하기는 힘들다.

내용의 무한 반복 분량을 채우려고 하다 보니, 단어만 바꿔서 했던 말을 반복하기도 한다. 읽다 보면 결국 같은 내용이다. 장황하게 말만 늘려서 분량을 낭비하지 말고, 각각의 항목에서 요구하는 핵심을 잘 정리해서 적는 게 중요하다.

복사하여 붙여넣기 예전에 다른 회사에 지원한 자기소개서를 복사하여 붙여넣는 경우도 수두룩하다. 카피하면서 흔히 저지르는 실수가, 기존 지원서를 토씨 하나 바꾸지 않고 보내는 것이다. 당연히 기업명 수정도 하지 않고 말이다. 자기소개서 카피는 정말 조심해야 한다. B사에 보낼 자기소개서에 '제가 3년 동안 준비한 노력이 A 사에 입사해서 좋은 자양분이 될 것으로 생각합니다.'라고 적혀 있다면, 이런 지원자를 누가 뽑고 싶을까?

두루뭉술한 내용 회사 이름만 고치면 어디에도 써먹을 수 있는 자기소개서는 결코 좋은 점수를 받기 어렵다. 지원 회사에 대해 고민하고 그에 맞춰 작성하지 않으면 다 티가 난다. 특별해 보이지 않는 건 당연하다.

맞춤법과 오타 구직자들의 자기소개서를 검토하다 보면 기본적인 맞춤법이 엉망인 경우가 많다. '학교 다닐 때 공부를 제대로 한 사람인가?' 의심이 갈 정도이다. 맞춤법이 거슬려서 정작 내용은 눈에 들어오지 않는다. 맞춤법과 오타 정도는 조금만 시간을 투자하면 수정할 수 있다. 그조차도 귀찮아서 엉망인 그대로 제출하는 지원자들이 있는데, 굉장히 무성의해 보일 뿐만 아니라 지원 의지까지 의심이 간다. 정말 특별한 기술을 갖고 있지 않다면 굳이 뽑아야하는 이유를 느끼지 못하게 만든다. 기본적인 것으로 첫인상을 나쁘게 하지 말자.

워드 프로그램에도 맞춤법 검사 기능이 있지만, 완벽하게 하는 데는 한계가 있다. 게다가 자기소개서 항목의 글자 수 제한까지 확인하며 수정하려면 번거롭다. 이 두 가지를 한 번에 해결해 주는 맞춤법 검사기가 있다.

부산대학교에서 제공하는 한국어 맞춤법/문법 검사기로 인터넷 URL(speller.cs.pusan.ac.kr)로 간단히 접속하여 사용할 수 있다. 입력창에 교정할 내용을 입력한 후, 검사하기를 누르면 된다. 검사할 문장은 최대 300어절까지 가능하다.

다음과 같이 글자 수 확인은 물론이고 맞춤법에 따라 교정한 내용까지 함께 보여 주기 때문에 편리하다.

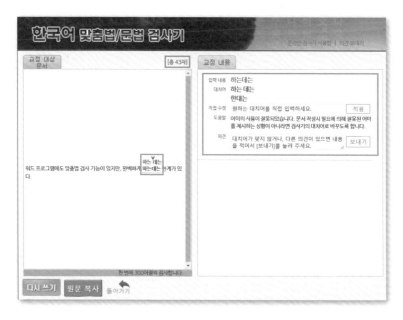

이모티콘 사용 자기소개서에 이모티콘을 사용하는 사람들이 간혹 있다. 자기소개서는 엄연한 공적 문서이다. 공적인 문서에 이모티콘 사용은 금물이다.

만약을 염두에 두고 대비해라

한 회사에 서류 합격을 하면, 그 회사의 다음 채용 단계에만 올인하는 학생들이 있다. 취업이 내 계획과 마음대로 되면 얼마나 좋을까. 하지만 현실은 그렇지 못할 때가 많다. 한 회사에 집중하는 사이에 다른 기회들을 무심히 흘려보내는 경우가 허다하다. 취업 시즌이라는 표현이 있을 만큼 기업들의 채용 시기는 몰려 있고, 고졸 채용의 지원 대상을 재학생으로 제한하는 경우도 상당수다. 올인한 회사에 합격하면 다행이지만, 그렇지 못할 때는 놓쳐 버린 기회가 여간 아쉬운 게 아니다.

최종 합격이 결정될 때까지는 항상 만약을 염두에 두고 또 다른 기회를 만들어 두며, 다시 돌아올 수 없는 시기를 잘 활용해야 한다. 기회를 많이 만들면 만들수록 최종 합격에 좀 더 가까이 다가갈 수 있다.

서류 접수를 해 놓고 서류 합격자 발표가 날 때까지 무작정 기다리기만 해서도 안 된다. 바로 서류 다음 단계를 준비해야 한다. 서류전형 결과가 안 좋더라도, 시간 낭비였다고 아까워할 필요는 없다. 준비 과정이 누적되고 쌓여야 비로소 합격이라는 열매를 만든다. 채용의 모든 준비 과정들은 축적된다는 것을 명심해라.

Chapter 5.

필기는
내공이다

공공기관 취업을 원하는 친구들 중 내신이 중요하다고 생각하는 이들이 많을 것이다. 하지만 내신은 전부가 아니다. NCS는 성적이 좋지 않더라도 기회를 주는 것이기에 마음을 단단히 먹고 준비한다면 취업할 수 있다. 시중에 나온 기관별 NCS 문제집을 풀고, 평소 사회 전반에 관심을 가질 것을 추천한다. 그리고 한 가지 더, 시험에서 떨어지더라도 너무 자신을 탓하지 않았으면 좋겠다.

- 권영준(한국철도시설공단 입사)

필기전형에
대처하는 방법

필기전형은 뽑기 위한 과정이기보다는 걸러 내는 과정이라고 이해해야 할 만큼, 상당수의 인원이 필기전형에서 탈락의 고배를 마신다. 일반적으로 필기라 하면 인·적성검사, 전공시험 정도로 알고 있지만, 지금은 인·적성검사와 전공시험을 함께 보기도 하고, 직업기초능력검사와 한국사, 영어까지 세 가지를 보기도 하는 등 과목과 방식이 다양해졌다. 인·적성검사를 보지 않는 기업도 많고, 심지어 필기전형을 생략하고 바로 면접을 진행하는 기업도 있다. 2020년 고졸 무기계약직 채용에서 필기전형을 생략한 기술보증기금이 그 대표적인 예다.

필기전형의 과목과 과목별 반영비율은 기업마다 다르기 때문에 채용공고를 꼼꼼하게 읽어 보고 그에 맞는 전략을 짜야 한다. 공공기관의 경우 NCS 기반 채용을 도입하면서 직업기초능력평가가 필기전형의 대표과목이 되었다. 직업기초능력평가는 뒤에서 NCS를 집중적으로 다룰 것이므로, 여기서는 대표적 필기평가인 인·적성검사와 전공시험, 한국사 등에 대해 살펴보도록 하겠다.

인성검사 기업 인재상에 부합하는 사람을 채용하기 위해 기업들이 활용하는 방법들은 다양하다. 그중 하나가 인성검사라는 도구이다. 검사의 목적 자체는 성격이나 기질이 직무에 적합한지 부적합한지 판정하는 것이다. 정답과 오답을 가려내는 데 목적이 있지 않다는 점을 이해해야 한다. 그러니 따로 시간을 내어 준비할 것 없이 본인이 평소에 생각하는 바대로 솔직하게 풀면 된다. 인성검사에 배분된 시간을 보면 이해하기 쉽다. 2020년도 부산항만공사 고졸 신입 채용에서 총 250문항의 인성검사에서 주어진 시간은 30분. 시간이 너무 짧다고 생각되겠지만, 인성검사 문항이 깊이 있는 사고를 요구하지 않는다는 것을 반증한다.

본인의 모습을 솔직하게 답하기보다 이상적인 모습을 선택하고 싶기 마련이다. 처음부터 아예 회사의 인재상을 캐릭터로 놓고 치면 된다는 비법 아닌 비법도 수험생들 사이에서 전해진다. 하지만 본인의 모습과는 다르게 좋은 쪽으로만 답하려고 하면 오히려 좋지 않은 결과가 나올 수 있다. 인성 검사에서 중요한 점은 답변의 일관성이기 때문이다. 유사한 질문들을 여러 번 해서 나오는 결과로부터 신뢰도를 확인하므로, 답변에 일관성이 없으면 신뢰도는 당연히 떨어질 수밖에 없다.

흔히 볼 수 있는 인성검사 형태는 '예' 혹은 '아니오' 중에서 하나를 선택하거나 만족도 조사처럼 다섯 가지 중에서 자신에게 해당하는 한 가지를 선택하는 방법 등이 있다.

● **나는 책임감이 강하다**

①매우 그렇다 ②그렇다 ③보통이다 ④그렇지 않다 ⑤전혀 그렇지 않다

● **나는 화를 자주 낸다**

①예 ②아니오

적성검사 인성검사는 따로 준비하지 않아도 되지만, 적성검사는 그렇지 않다. 무엇보다 유형을 익히는 게 중요하다. 시중에 적성검사 수험서가 많이 나와 있으니, 합격 후기나 수험서 리뷰를 참고해서 사람들이 많이 보는 책을 선택하도록 하고, 될 수 있으면 여러 권을 풀어 보는 게 다양한 문제 유형을 익히는 데 효과적이다.

평소에 연습문제를 풀 때 시간을 꼭 체크하면서 자신만의 노하우를 만들어야 한다. 어려운 문제에 매달리다가 시간이 부족하여 정작 아는 문제도 다 풀지 못한 경우가 종종 있다. 어려운 문제는 과감히 패스하고 풀 수 있는 것부터 해결하는 게 요령이다.

서류전형에 합격하고 나서 인·적성검사를 보기까지 시간이 그리 많지 않다. 평소에 조금씩이라도 준비해 놓길 권한다.

전공, 직무지식평가 전공이나 직무지식평가는 지원분야의 직무 능력을 객관적으로 평가하는 방법이라 기업에서 선호할 수밖에 없다. 그런데 채용공고에는 '고등학교 졸업 수준'이라고만 대략 안내될 뿐 범위가 따로 없어 수험생들이 난감해한다. 학과 공부를 충실히 해 오던 사람은 아무래도 전공 및 직무 지식이 많이 쌓여 있을 테니 필기전형에서도 좋은 결과가 나오기 마련이다. 따라서 평상시 학과 공부는 기본 중의 기본이고, 채용 시기에 들어서면 기본 개념 위주로 공부하면서 문제를 많이 풀어 보는 것이 실질적인 방법이다. 고졸 채용에서 직무지식평가의 난이도는 관련 분야 기능사 수준으로 보면 된다.

한국사 필기전형에서 한국사는 단골 과목이다. 요즘은 가산점에 반영하는 경우도 종종 있으니 필기전형을 대비하여 준비해 두면 좋을 것이다. 시험 범위는 대개 특정 시대가 아닌 전 시대를 범위로 출제되며, 기업별로 출제 수준만 달리하는 경우가 많다. 예로 들면 2021년 한국동서발전 하반기 고졸 채용의 출제 수준은 한국사능력검정시험 3급 수준이었다.

다음의 한국사능력검정시험 시험 종류별 평가 내용과 등급을 살펴보면 어느 정도인지 대략 짐작할 수 있을 것이다.

시험 종류	평가 내용	인증 등급
기본	한국사 기본 과정으로서 기초적인 역사 상식을 바탕으로 한국사의 필수 지식과 기본적인 흐름을 이해하는 능력을 평가	4급(80점 이상) 5급(70~79점) 6급(60~69점)
심화	한국사 심화 과정으로서 한국사에 대한 체계적인 이해를 바탕으로 한국사의 주요 사건과 개념을 종합적으로 이해하고, 역사 자료를 분석하고 해석하는 능력, 한국사의 흐름 속에서 시대적 상황 및 쟁점을 파악하는 능력을 평가	1급(80점 이상) 2급(70~79점) 3급(60~69점)

고졸 채용도 한국사능력검정시험 심화(1~3급) 등급에 가산점을 주는 기업들이 늘어나는 추세다. 따라서 가급적이면 심화 수준까지 지식을 갖춰 놓을 것을 권한다.

영어시험 영어시험은 출제범위를 제시하기가 힘든 과목이다. 평소에 기본 어휘를 중심으로 꾸준히 문제를 풀어 보며 준비해 두는 것이 좋겠다. 생각보다 많은 학생이 영어시험에 대해 두려움을 갖고 있는데 고졸 수준이라 생각보다 난이도가 높지 않기 때문에 해 볼 만하다.

상식 필기전형에서 상식 과목은 해당 업종이나 시사와 관련된 문제 위주였지만, 최근에는 해당 기업과 관련된 상식을 다루는 기업이 많아졌다. 어떤 회사인지도 모르고 지원하는 사람이 많은 현상을 반영한 것이다. 꼭 필기시험 준비 때문이 아니더라도 면접을 대비하려면 기업 상식은 꼼꼼하게 준비해야 한다.

최근에는 특히 시대의 흐름을 반영한 문제들이 자주 출제되고 있다. 예를 들어 '4차 산업혁명'처럼 뉴스에서 많이 거론되는 용어들은 관심을 기울이고 철저하게 이해하고 있어야 한다.

논술 드물긴 하지만, 직무수행능력을 평가하기 위해 논술을 보는 기업들도 있다. 신용보증기금은 2020년 하반기 고졸 채용에서 서류전형과 필기전형 단계에서 논술을 평가했다. 다음은 해당 기업의 서류전형 논술 주제 중 하나로, 한눈에 봐도 수준이 만만찮다.

한국판 뉴딜(K-뉴딜)정책과 과거 미국의 뉴딜정책의 정책적 공통점과 차이점 및 K-뉴딜정책의 성공적 달성을 위한 필수요건을 구체적으로 제시하시고, 대한민국을 선도형 경제로 전환하기 위한 두 축인 디지털 뉴딜과 그린 뉴딜 중 신용보증기금은 어느 측면에 중점을 두고 정책금융기관으로서 주도적 역할을 수행해야 할 것인지, 신용보증기금의 설립목적 및 경영전략 등과 연계하여 구체적으로 제시하여 주시기 바랍니다. [1500자 이내]

논술에 대응하려면 지원할 직무와 관련된 이슈와 용어에 대해서 잘 알고 있어야 한다. 따라서 평소에 신문을 꾸준히 읽으면서 분야별 이슈와 관련 용어를 정리하는 습관을 들이는 게 좋다.

실시간 미션!
임파서블은 없다

필기전형의 일환으로 '미션 수행'이라는 다소 독특한 방법을 택하는 회사들이 있다. 해당 미션을 통과한 사람만 다음 단계의 자격을 부여하는 방식인데, 정해진 주제에 대해 보고서를 작성해서 정해진 기한까지 제출하는 경우도 있고, 미션 수행일과 시간만 알려주고 방식과 주제는 미션 당일 공개하는 경우도 있다. 전자는 그나마 괜찮은데, 후자는 주제 예측도 어렵고 시간 압박도 크다. 실례로 국민연금공단은 미션 당일에 2가지 주제를 제시하며 지원자 본인의 생각과 의견을 2시간 이내로 작성하여 제출하라고 하였다. 이런 실시간 미션은 어떤 전략으로 접근해야 할지 함께 살펴보자.

시간 배분을 잘해야 한다

제한 시간을 듣는 그 즉시, 시간 배분을 해 놓도록 하자. 주어진 시간이 2시간이라면 다른 변수들을 고려해서 여유 있게 1시간 40분 안에 끝내는 것을 목표로 한다. 목표한 시간을 다시 나누어, 초안을 먼저 작성한 후 고치는 식으로 진행하길 권한다. 분량은 길게 요구하지 않지만, 평소에 이런 연습을 해 보지 않은 사람에게는 무척 짧게 느껴질 만한 시간이다. 글자 수 제한이 있다면 시간 절약을 위해서라도 애초부터 글자 수가 제공되는 프로그램을 선택하는 것도 좋은 전략이다. 중요한 것은 '완성된 글'을 제출해야 한다는 것이다.

주제에 맞는 글을 써야 한다

해결 방안을 물었는데 문제점만 늘어놓는다면 어떨까? 평가자 입장에서 생각해 보자. 주제에서 벗어난 글은 아무리 아이디어가 좋고 잘 쓴 글이라도 좋은 점수를 받기 힘들다. 질문의 핵심을 제대로 파악해서 주제에 맞는 글을 쓰는 게 관건이다.

제출을 완료해야 미션 완성이다

미션 수행 결과물은 대부분 이메일로 제출하게 되어 있다. 대개 결과물에만 집중하기 마련인데, 전달 과정도 중요하다는 사실을 알아야 한다. 여기서 전달 과정은 이메일 작성을 의미한다. 이메일 양식은 크게 네 항목으로 구성된다. 수신인 이메일 주소, 제목과 내용, 파일 첨부가 그것이다.

수신인 이메일 주소　이메일이 제대로 발송될 수 있도록 이메일 주소가 정확한지만 확인하면 된다.

제목/내용　가장 신경 써야 할 부분은 제목과 내용이다. 제목과 내용의 형식을 미리 정해 주었다면 반드시 그대로 따라야 한다. 별도의 지시가 없다고 해서 평소 지인에게 이메일을 보낼 때처럼 제목을 비워 두거나 본문 내용을 한두 줄 아무렇게나 써서 보내는 경우가 종종 있는데, 취업 과정에서는 금물이다. 입사 후 업무 메일에서도 물론 마찬가지다. 특히 다른 지원자들과 제목부터 구분해 줄 필요가 있으므로, '왕따 없는 직장 문화에 대한 의견_홍길동'과 같이 주제와 함께 이름을 적는 것을 추천한다.

메일 내용은 다음 예시를 보며 정리해 보자. 수신 담당자가 지정되어 있다면 ①과 같이 담당자 이름과 직함을 함께 적는다. 그렇지 않을 경우 '안녕하세요. 채용 담당자님.'으로 기재하면 된다. 다음 줄은 ②처럼 자신이 지원한 직무 분야와 직급을 포함하여 이름을 밝히도록 한다. 다음은 메일을 보내는 이유와 목적을 적되 ③과 같이 핵심만 간결하게 전달하도록 하자. ④의 인사는 사소하게 보여도 수신자 입장에서는 지원자의 정중함을 느낄 수 있는 부분이니

누락하지 않아야 한다. 그다음은 ⑤처럼 다시 한 번 이름을 밝히고 내용을 마무리할 것을 권한다. 마지막으로 첨부된 파일은 '붙임'으로 하여 파일명을 간략히 기재하도록 하자.

① 안녕하세요. 홍길동 과장님.

② 고졸 사무직 5급에 지원한 OOO입니다.

③ '왕따 없는 직장 문화'에 관련한 미션 수행 결과를 보내드립니다. 아래와 같이 파일로 첨부하오니 검토해 주시기 바랍니다.

④ 감사합니다.

⑤ 지원자 OOO드림.

⑥ 붙임 : #1.왕따 없는 직장 문화_홍길동_미션결과

이 밖에도 지원 과정에서 문의 메일을 보내야 할 때가 있다. 채용 과정에서는 사소한 메일 하나까지도 평가 대상이 될 수 있으니, 최대한 예의를 갖추도록 하자.

파일 첨부 특별한 공지가 없는 한 미션 결과는 파일로 첨부하여 제출한다. 여기서 많이들 실수하는 것이, 파일을 첨부하지 않은 채 전송 버튼을 누르는 것이다. 다행히 실수를 제한된 시간 안에 발견하면 다시 첨부해서 메일을 보내면 된다. 이때 본문 내용에 재전송하게 된 경위를 쓰는 것이 좋다.

문제는 종료 이후에 실수를 알게 될 때이다. 실시간 미션에서는

시간을 넘겨서 들어오는 메일은 아예 시스템상으로 차단하는 경우도 있고, 그렇지 않더라도 공정성을 위해 평가 대상에서 제외하는 경우도 왕왕 있다. 전송 버튼을 누르기 전은 물론이고, 이후에도 거듭 메일을 확인하도록 하자.

무엇으로 나를 보여 줄 수 있는가?

매해 수능 때만 되면 수능을 포기한 연예인들의 기사가 나온다. 그들이 대학을 포기하는 이유는 대체로 두 가지다. 지금 하는 일에 집중하고 싶고, 연예인을 하는 데 학력이 필요 없다는 것 말이다. 그들의 얘기를 한번 들어 보자.

"학벌보다는 사람의 감성이나 능력이 중요하다고 생각한다. 대학 가 봤자 출석도 안 하고 유령학생이 될 게 뻔하다." - 가수 보아
"가수 활동에 대학이 필수도 아닌 데다 학교생활을 제대로 할 자신 이 없는 내가 들어갈 곳은 아니라고 생각했다." - 가수 아이유

현장에서 학생들을 지도하는 사람으로서 이런 이야기는 특별하게 다가왔다. 남들보다 쉽게 가질 수 있는 기회를 포기했기 때문은 아니다. 그들에게서 특별함을 느낀 이유는 현재의 자신에게 무엇이 필요하고 중요한지를 정확히 알고 삶을 결정할 수 있었다는 데 있다. 학벌만 갖추고 노래도 못하는 사람을 누가 가수라고 인정할 수 있을까? 마찬가지로, 해외 영업 담당자라는 사람이 외국어 한마디 못한다면 과연 누가 그를 인정할 수 있을까?

누군가의 인정을 받기 위해서는 누구나 인정할 수 있는 범위 안에 있어야 한다. 이것이 채용에서 말하는 직무능력이다. 직무능력이 학력보다 중요한 시기가 왔음은 누구나 공감할 것이다. 이것은 곧, 꿈을 이루기 위해 어떤 능력을 키워야 할지 고민해 봐야 할 시기가 왔음을 의미한다. 무엇으로 나를 보여 줄 수 있는가를 진지하게 고민해 보자.

Chapter 6.

마지막 고지, 면접을 정복하라

면접은 일단 잘 웃고 자신감 있게 하는 것이 제일 중요하다. 그리고 무엇보다 면접관들은 외운 티가 나는 사람들을 싫어한다. 말을 더듬더라도 자신감 있게 말하고, 의미 없는 내용을 길게 얘기하지 않아야 한다. 전공에 대해서도 물어보니 전공지식도 공부해 가는 것이 좋다. 그리고 무엇보다 인사를 잘하는 게 중요하다!

- 김경표(한국산업단지공단 입사)

면접 유형 뽀개기

　학생들은 채용 과정 중에서 면접을 가장 어렵게 생각한다. 서류와 필기에서 이미 많은 수를 걸러 냈기 때문에 경쟁률은 가장 낮으나 이 단계를 통과해야 입사가 결정 난다. 면접에서의 탈락은 결과적으로 서류에서 탈락하는 것과 같다 보니, 지원자 입장에서는 가장 부담되고 어려운 단계일 수밖에 없다.

　면접 횟수는 기업의 상황에 따라 다르다. 한 번에 끝나는 회사도 있지만, 2번 이상 진행되는 경우가 많다. 대개 1차 면접은 실무진들의 직무 면접, 2차 면접은 임원진들의 인성 면접으로 진행된다. 면접 방식도 다양하고 준비할 것도 많은 대졸 면접과 달리 고졸 면접은 우리가 익히 알고 있는 범위 내에서 진행된다. 그러므로 준비만 제대로 하면 어떤 면접이든 수월하게 임할 수 있을 것이다.

대졸과 고졸, 경력자와 신입은 채용에서 중요하게 생각하는 기준부터가 다르다. 우리는 우선 고졸 신입이라는 점을 인지하고 있어야 한다. 신입은 경력직처럼 현장에 바로 투입될 수 있는, 말 그대로 '당장 활용할 수 있는' 인력이 아니다. 그렇기에 기대하는 부분이 경력자와는 다를 수밖에 없고, 당연히 준비 방법도 달라야 한다. 이 점을 생각해 보면 면접을 쉽게 풀어 가는 데 도움이 된다.

구체적인 면접 연습에 들어가기 전에, 먼저 면접 유형을 인원수와 면접 방법에 따라 구분하여 살펴보겠다.

인원수별 면접 방식

1:1 면접 말 그대로 면접관 한 명과 1:1로 마주 보고 면접하는 방식이다. 시간이 오래 걸리지만 한 사람에 대해 그만큼 많은 정보를 알 수 있다. 대체로 딱딱한 분위기보다는 대화를 나누는 것처럼 편안하게 진행되는 경우가 많다.

1:多 면접 지원자 한 명에 여러 명의 면접관이 질문하는 방식으로 흔히 말하는 '압박 면접'이다. 다수의 면접관으로부터 시선을 받게 되므로 심적으로 부담될 수 있다. 한 면접관이 집중적으로 질문하기도 하지만, 대개는 각자 돌아가면서 궁금한 것들을 질문하는

형태로 진행된다. 1:1 면접보다는 아무래도 다양한 질문을 받을 가능성이 높다.

多:多 면접 지원자와 면접관이 각각 여러 명인 형태로 학생들이 가장 부담스러워하는 면접 형태이다. 공통 질문에 대한 답변이 상대방과 비교된다는 측면에서 위축되거나 신경이 더 많이 쓰일 수 있다. 이런 형태의 면접에 익숙해지려면 평소 마인드컨트롤하는 연습을 해야 한다. '상대방의 답변이 정답은 아니다.'라고 생각하는 것만으로도 상당한 도움이 될 것이다.

내용 및 방법별 면접 방식

인성 면접 인성 면접의 주목적은 지원자가 우리 회사의 인재상과 잘 맞는 사람인가를 확인하는 데 있다. 따라서 지원자의 성격, 가치관, 태도와 관련된 질문을 주로 받게 된다. 자기소개서를 기반으로 본인이 평소에 가지고 있는 생각과 의견을 진정성 있게 얘기하면 되므로 대답에 큰 어려움은 없을 것이다. 회사를 불문하고 좋은 인상을 남기는 방법은 단 하나, 긍정적이고 자신감 있는 모습을 보여 주는 것이다.

역량 면접 역량이라는 것은 '어떤 일을 해낼 수 있는 힘'을 뜻한다. 예를 들어 "동아리에서 앱(app) 기획을 맡았다고 쓰여 있는데 앱 기획에서 가장 중요하게 고려해야 할 사항이 뭔가요?"라는 질문처럼 실제 업무에서 필요한 능력을 지원자가 제대로 갖췄는지를 평가하는 것이다.

고졸 채용에서는 드물긴 하지만, 실기시험으로 역량을 평가하는 기업도 간혹 있다. 일례로, 2021년 한국철도공사는 토목 분야의 고졸 전형 채용 과정에서 레일 절손 시 응급조치에 대해 10분 시간을 주고 실기시험을 치렀다.(단, 공고된 교재 범위 내에서 시행)

상황 면접 상황 면접은 근무 상황을 제시하고 그에 대한 대처법을 묻는 형태로 주어진다. 예를 들어, "지하철 역내에서 근무 중인데, 불이 났다면 어떻게 하시겠습니까?"와 같이 질문하는 것이다. 직무 담당자의 입장에서 대처 능력을 보는 것이니, '내가 담당자라면 어떻게 할 것인가'를 중심에 놓고 대답해야 하는 게 핵심이다.

경험 면접 "취업 준비 시 취득한 정보를 쉽게 찾기 위해 정보를 관리한 경험이 있습니까?" "동아리 활동 중 가장 힘들었던 경험을 얘기해 보세요." 경험 면접은 이처럼 지원자의 경험에 관해 묻는 방식으로 진행된다. 여러 번 강조했다시피, 채용 과정에서 경험을 얘기할 때는 단순 사실 언급에만 그쳐서는 좋게 평가받기 어렵다. 경험과 함께 내가 그 경험을 통해 무엇을 느꼈는지, 무엇을 배웠는지가 드러나야 한다. 다시 한번 기억하자. '경험과 그에 대한 생각'은 무조건 한 쌍이다.

토론 면접 토론 면접은 지원자들이 찬반의 입장에 서서 자기주장을 펼치는 과정을 채점하는 형식이다. 찬반 의견은 본인이 선택하는 경우도 있지만, 면접관이 임의로 나눠서 지정해 줄 수도 있다. 여기서 토론이 목적하는 바를 상기해야 한다. 상대방을 설득하여 승패를 가르자는 게 주목적이 아니다. 얼마나 논리적으로 본인의 생각을 잘 전달해서 설득하느냐가 관건이다. 그러므로 상대방을 공격할 필요는 없다.

토론에서는 다음 사항을 유념하자.

첫째, 듣는 것이 더 중요하다. 토론의 기본은 상대방의 의견을 경청하는 데 있다. 상대의 말을 자르거나 제대로 듣지 않고 자신의 주장만을 내세우는 태도는 금물이다.

둘째, 채용 과정의 일부라는 것을 잊지 마라. 토론 면접 연습을 시켜 보면 유달리 승부욕이 강한 학생들이 종종 있다. 너무 몰입한 나머지 표정 관리가 안 되거나 감정이 격해지기도 하고, 감정적으로 상대방을 제압해 이기려고 하는 경우다. 그런 태도로는 결코 좋은 점수를 받을 수 없다. 이 또한 평가를 받는 과정이라는 사실을 잊지 말아야 한다.

토론 연습 시에는 자신이 찬성하는 입장에서만 생각해 볼 게 아니라 반대편에서도 생각해 보는 게 좋다. 반대 입장을 면접관으로부터 지정받을 수도 있기 때문이다.

주제는 지원 회사와 관련된 업계 뉴스나 최근 사회적인 이슈를 가지고 연습해 볼 것을 권한다. 예를 들어 코로나19 팬데믹과 관련된 이슈(재난지원금 범위나 외국인 무상진료 등), 노인 기준 연령, AI면접의 실효성, 펫티켓 등이 있다.

PT 면접 PT 면접은 지원자의 논리력과 순발력, 창의력 등을 평가할 수 있으므로 인성 위주의 면접보다 변별력이 높은 방법이다. 사전에 주제를 제시해 주는 경우도 있지만, 현장에서 공통 주제나 선택 주제를 제시해 주는 경우도 많다. 준비한 자료는 전지, 화이트보드 또는 파워포인트를 이용해 발표하니 각 도구에 익숙해지는 게 좋다. 발표 후 질의응답 시간이 주어지기도 한다.

PT 면접에서는 자기 생각을 논리적이고 명확하게 말하는 게 중요하다. 핵심을 간파하지 못하고 관련 없는 애기만 나열하면 안 된다. 발표를 끝낼 때는 "이것으로 제 발표를 마칩니다. 경청해 주셔서 감사합니다."와 같은 마무리 인사도 잊지 말자.

롤플레이 면접 역할극을 통해 지원자를 관찰하며 평가하는 방법이다. 주로 은행권 등에서 지원자가 고객을 어떻게 응대하는지를 평가하는 데 활용하고 있다.

비대면 AI면접 최근 취업 트렌드 중 가장 핫한 이슈를 꼽자면 단연 AI면접일 것이다. Artificial Intelligence, 즉 인공지능을 활용한 면접으로, 많은 기업이 도입했다. 고졸 채용에서도 예외는 아니다. 한국남동발전, 한국자산관리공사 등 다수의 기업이 고졸 채용에서 직무 역량을 평가하기 위해 AI면접을 시행했다. 한국자산관리공사의 사례를 보면, ①웹캠/음성체크 ②안면등록 ③기본질문 ④탐색질문 ⑤상황질문 ⑥뇌과학게임 ⑦심층구조화질문 ⑧종합평가 순서로 진행되었다. 여기서, 뇌과학게임은 게임 형식으로 지원자의 역량을 분석하는 것이다.

생소한 면접이라고 겁낼 필요는 없다. 오히려 비대면이라 긴장감이 다소 떨어져 답변을 장난스럽게 하는 학생들이 종종 있어 주의해야 한다. 특히 피시방 같은 소란스러운 곳을 피해 조용한 곳에서 면접을 치르길 바란다. 아직까지는 고졸 채용에서 AI면접이 당락을 결정하지 않고 참고자료로 활용되는 수준이다. 하지만 AI면접 또한 채용의 한 절차이므로 미응시에 대한 불이익이 있으니 반드시 응시해야 한다.

면접에 정답은 없지만, 준비에 정도는 있다

효율적인 면접 준비를 위해서는 필요한 자료부터 준비해 놓고 시작하자. 대개 제출한 이력서와 자기소개서를 바탕으로 질문하기 때문에 지원 서류가 가장 기본이다. 본인이 제출했음에도 불구하고 내용을 완벽하게 숙지하지 못한 채 처음 들은 것처럼 반응하면, 본인의 경험이 아니거나 대필을 의심받을 수 있다. 다음으로 필요한 자료는 회사 정보로, 필수 정보 중심으로 한두 장 분량을 정리해 두면 도움이 된다. 마지막으로 예상 질문이다. 간혹 인터넷에서 떠도는 자료를 내려받아 연습하는 학생들이 있는데, 자료는 자신이 스스로 수집해서 작성하는 게 가장 좋다.

지원 회사 홈페이지를 절친으로 만들어라

면접 준비를 하면서 회사 홈페이지를 방문해 보지 않은 사람은 거의 없을 것이다. 중요한 건, 단순히 방문해 봤다는 사실이 아니라 그 안에서 무엇을 봤느냐이다. 홈페이지는 한 기업의 정보를 담고 있는 가장 좋은 자료원이다.

'홈페이지를 방문한 적이 있느냐?' '인재상을 알고 있느냐?' '대표이사가 누구인지 알고 있느냐?' 등의 기업과 직접 관련된 질문만으로도 회사에 대한 관심도를 확인할 수 있다. 홈페이지만 살펴봐도 알 수 있는 정보들인데 이런 질문조차 제대로 답하지 못하는 지원자가 의외로 많다. 준비를 안 했다는 얘기다. 기업 입장에서는 어느 회사든 취업만 하면 되는 사람 같아 보일 것이다.

생각해 보자. 면접의 중요한 목적 중 하나가 입사 의지가 확실한 사람을 선발하는 것인데, 홈페이지 한번 방문해 보지 않은 사람을 뽑을 수 있을까? 어떤 기업이든 진정으로 자기 기업에 관심 있는 사람을 뽑으려고 하는 건 당연하다. 평소 얼마나 관심을 두느냐에 따라 그만큼 회사에 대해 아는 것도 많아지고, 면접관에게 열정적으로 느껴지게 마련이다.

기업이 어떤 식으로 고객과 소통하는지도 주의 깊게 살펴볼 필요가 있다. IT의 발전에 따라 소통 채널은 매우 다양해지는 추세이다. 이 추세는 기업에도 어김없이 반영되어 SNS를 적극적으로 활용하는 기업이 상당히 많아졌다. 기업 홈페이지 외에도 블로그, 트위터, 페이스북, 인스타그램, 유튜브 등 다양한 채널이 있는데, 여러 채널을 동시에 소통의 창구로 활용하는 기업도 많다. 지원 기업이 어떤 채널을 주로 이용하는지, 어떤 방식으로 소통하는지, 고객과의 소통 과정에서 개선해야 할 부분이나 좋은 점은 어떤 것들이 있는지 등을 눈여겨볼 필요가 있다.

기업 홍보 동영상은 기업의 역사와 성격을 단번에 파악할 수 있는 유용한 자료이니, 반드시 시청해 보길 바란다. 회사 홈페이지 내의 보도 자료도 눈여겨보는 게 좋다. 회사가 어떤 사업을 하고 있는지, 회사와 관련된 이슈가 무엇인지 파악하면 토론이나 논술 시험 준비에 도움될 것이다.

예상 질문을 만드는 데도 요령이 있다

면접 질문의 난이도를 편의상 상중하로 나누면, 개인에 관한 단순 사실을 확인하는 것은 난이도 하, 이를 확장한 것은 난이도 중, 상황이나 이슈에 대한 생각을 묻는 것은 난이도 상이다. 난이도 하의 질문은 누구나 대답할 수 있는 질문이기 때문에 변별력이 낮은 편이다. 단, 제출 서류를 제대로 숙지해야 한다. 피아노가 취미라고 적어 놓고 대답은 독서라고 한다면 이상하지 않은가?

신경 써서 준비해야 하는 질문은 중급과 상급에 해당하는 것들이다. 우선, 제출 서류를 바탕으로 예상 질문을 만들어 보자. 방법은 간단하다. 서류에 기재한 사실을 더 깊이 파고들며 질문해 보는 것이다. 예를 들어, 취미를 '야구'로 기재했다면 팀 내 포지션은 무엇인지, 어떤 팀을 좋아하는지, 왜 야구를 하게 되었는지, 얼마나 자주 하고 있는지 등을 질문 목록으로 작성하는 식이다. 그런 식으로 이력서와 자기소개서를 출력해 놓고 한 줄씩 분석하면서 예상 질문 리스트를 만들어 보자. 이때, 주먹구구식으로 하는 것보다 비슷한 주제끼리 모아서 리스트를 만드는 게 효과적이다.

질문 리스트를 만들었다면 이제 연습 단계이다. 곧바로 답할 수 있는 질문들은 한두 번 정도만 연습해도 상관없지만, 답변에 자신이 없는 질문은 반복해서 연습해야 한다. 답변이 완벽해질 때마다 하나씩 지워가다 보면 어떤 질문이든 답변할 수 있을 만큼 자신감이 생길 것이다.

면접 답변 절대로 외우지 마라

면접 준비를 하라면 답변을 암기하는 데 시간을 많이 할애한다. 예상 질문 100개를 만들어 놓고 답변 100개를 토씨 하나 틀리지 않을 때까지 달달 외우는 식이다. 그걸 다 외우는 능력이나 의지만큼은 대단하다고 칭찬해 주고 싶다. 하지만 별로 효과적인 방법은 아니다. 설령 다 외웠다 치더라도 기출 문제처럼 그 안에서 출제된다는 보장이 없다. 암기한 것에서 나오지 않은 질문은 어떻게 답변할 것인가? 면접은 얼마나 암기를 잘했느냐를 보여 주는 것이 아니다.

도대체 어떻게 준비하란 말인지 답답할 것이다. 자기소개서를 작성할 때처럼 키워드를 활용하자. 이런 질문에는 이런 답변을 해야지 정도로 키워드를 정해 놓고 내용을 만드는 것이다. 문장을 통으로 암기하는 것보다 훨씬 효율적인 방법이다. 문장 전체를 암기해서 답하다 보면, 외운 문장 그대로만 답하려는 경향이 있다. 그러다 보니 주제와 어긋난 답변을 하는 경우도 종종 있고, 완벽하게 외우지 않으면 어색하게 느껴지기도 한다. 하지만 키워드 중심으로 연습하면 답변에 유연성을 갖게 되어 어떤 질문에도 임기응변이 수월하다.

굳이 암기해야 하는 질문은 자기소개, 지원 동기 등의 단골 질문이면 충분하다. 단, 이에 대해서도 암기한 티가 나지 않도록 자연스럽게 말할 수 있도록 하자.

말로 하는 테스트는 꼭 입으로 연습해야 한다. 눈으로 백 번 읽는 것보다 단 몇 번이라도 육성으로 해 보는 게 더욱 중요하다. 이때 자신의 답변을 객관적으로 평가해 볼 것을 추천한다. 면접을 함께 준비하는 친구들이 봐 주면 좋겠지만, 여건이 안 된다면 녹음을 이용해 보자. 본인의 목소리를 녹음해서 들어 보는 방식으로 하면 혼자서라도 충분히 연습할 수 있다. 이 방법은 두 가지 면에서 이점이 있다.

첫째, 반복 녹음하는 과정을 통해 답변이 정교해진다. 의도치 않아도 답변이 외워지기도 한다.

둘째, 자신의 안 좋은 언어 습관을 고칠 수 있다. "음…" "저…" 이런 식으로 질질 끌면서 말을 시작하는 습관은 평소 인지하기 쉽지 않다. 녹음을 해 보면 자신의 언어 습관을 알게 되고, 고치는 데도 도움이 된다. 이때 거울을 앞에 놓고 표정까지 모니터링하면 더욱 좋다. 처음에는 자신의 목소리를 듣는 것만으로도 오글거리겠지만, 몇 번 하다 보면 금방 적응된다.

답변 연습은 결론을 먼저 말하고 부연 설명을 하는 두괄식으로 하자. 질문의 의도를 잘 파악한 후 먼저 결론을 제시해 놓으면, 답변이 엉뚱한 방향으로 흘러가는 것을 어느 정도 막을 수 있다.

면접은 달변가를 뽑는 절차가 아니다

면접에서 중요한 것은 말을 얼마나 유창하게 하느냐가 아니다. 물론 제품을 팔거나 많은 사람 앞에서 프레젠테이션을 주로 하는 직업이라면 말을 잘하는 게 중요하지만, 그런 경우가 아니라면 달변가일 필요는 없다.

자기 생각을 표현하는 데 유독 어려움을 느끼는 제자가 있었다. 공공기관 서류전형에 합격한 이 학생에게 면접까지 주어진 시간은 단 3일이었다. 평소 면접 연습을 해 본 적이 없었기에 그야말로 선택과 집중을 해야 했다. 조리 있게 말하는 것과 나쁜 언어 습관을 고치는 것에 주안점을 두고 맹연습을 시작했다. 이전보다는 상당히 좋아졌지만, 물리적인 시간이 부족했던 건 어쩔 수 없었다. 면접 전날, 그 학생에게 딱 한 가지만 주문했다.

"말을 잘하려고 애쓰지 말고 너의 큰 장점인 신뢰감과 진정성을 보여 주는 데 집중해라."

결과는 합격이었다. 친구들은 다들 '웬일?'이라는 반응이었지만, 그 학생이 얼마나 혼자 노력했는지 얼마나 간절했는지를 내가 잘 안다. 이런 간절함이 면접관들 눈에도 충분히 보인 것 아닐까.

이 책을 읽는 독자 중에도 면접을 두려워하는 사람이 있을 것이다. 하지만 면접은 달변가를 뽑는 절차가 아니다. 인재 평가 기준이 유창한 말솜씨에 있지 않으니, 단지 얘기를 잘 못 한다는 이유로 미리 주눅 들 필요는 전혀 없다. 자신이 가진 장점을 끌어내는 것에만 집중하라. 그러면 된다.

입사 의지를 보여 주어야 한다

면접에서 최종 선택되느냐 아니냐는 결국 입사 의지를 얼마나 설득력 있게 보여 줬느냐에 달려 있다. 입사 의지를 드러내려면 나와 회사와의 연관성을 토대로 대답하는 것이 하나의 요령이다. 개인적인 질문이라도 회사와 연결 고리를 가지고 대답한다면 좋은 점수를 받을 수 있다. 예를 들어 "업무 외에 어떤 것에 관심이 있나요?"와 같은 질문은 다음과 같이 대답할 수 있다.

저는 평소 남을 돕는 것에 관심이 많습니다. 학창 시절 청각 장애가 있는 친구를 돕기 위해 수화를 배웠습니다. A 전자의 사내 동호회에도 수화 동호회가 있으니, 입사한다면 적극적으로 참여하여 사회 공헌에도 이바지하고 싶습니다.

어떤가? 지원자와 회사와의 연결고리가 느껴지지 않는가? 수화와 기업은 언뜻 보기에 연관성이 없다. 그런데 사내 동호회까지 파고들어 연결 고리를 만들었다. 면접 준비를 철저하게 했다는 얘기고, 입사 의지가 확실한 사람으로 보이는 건 당연하다. 게다가 인성까지 좋아 보인다.

사소한 것이라도 회사와 나를 연결할 실마리를 찾아라! 면접에서 큰 장점이 될 수 있다. 적을 알고 나를 알면 백전백승이라는 말이 취업에서도 적용된다.

마이너스를 플러스로 역전시켜라

"선생님! 다른 질문들은 다 준비했는데 해결 못 한 예상 질문이 있어요. 제가 상고에 다니고 있잖아요. 그런데 공고 학생들이 주로 가는 전자 분야, 그것도 제조직에 지원한 이유를 물으면 어떻게 대답해야 할지 모르겠어요."

특성화고에서 경영을 전공하고 제조직으로 분야를 바꿔 지원한 학생이 있었는데, 면접 전날 나에게 도움을 청했다. 예상 질문으로 나올 확률이 높은, 상당히 좋은 질문이다. 어떻게 대답하면 좋을까? 이 학생에게 제시해 줬던 답변을 참고해 보자.

고등학교에 들어와 경영 분야 공부를 하면서 제조업의 중요성을 알게 되었습니다. 회사의 경영 성과가 좋아지려면 결국 그 회사가 가지고 있는 제품이나 서비스가 좋아야 한다고 생각합니다. 그런 측면에서 본다면 경영과 제조업은 아주 밀접한 연결 고리를 가지고 있습니다.

저는 무엇보다도 한 회사의 심장부는 제품을 생산하는 현장이라고 생각합니다. 그렇기 때문에 사무 업무보다는 제조 업무가 저에게는 더욱 매력적으로 다가왔습니다. 현장에서 경쟁력 있는 제품을 직접 생산하여 회사 발전에 이바지하고 싶어 지원하게 되었습니다.

전공과 다른 분야에 지원한 사람의 경우 기업 입장에서는 의문점을 갖게 마련이다. 더욱이 중도 퇴사율이 높은 직무라면 비전공자의 적응력을 우려할 수밖에 없다. 따라서 그 부분에 대해 신뢰를 줄 수 있도록 설득력 있는 답변을 준비해 가야 한다. 대답에 따라 '기회의 질문'이 될 수 있다.

포인트는 어떻게든 지원 동기와 업무의 관련성을 찾는 것이다. 막막할 때는 각각을 따로 생각하지 말고 한 덩어리로 보자. 큰 틀 안에서 경영과 제조는 굉장히 유기적인 관계를 지니고 있다. 물건을 잘 만들어야 판매가 잘 되고 그게 회사의 실적으로 반영되어 최종적으로 경영 성과에 영향을 미친다. 이런 연관성을 지원 동기와 접목해서 말하면 좋은 답변으로 평가받을 수 있다.

이 학생은 예상했던 질문을 받았다. 준비해 간 내용을 말하고 나니 면접관들이 만족한 웃음을 짓더란다. 지금은 지원한 회사에 합격해서 잘 다니고 있다.

현장에 답이 있다

직접 현장을 체험해 보는 것은 그 어떤 준비보다 많은 것을 얻게 해 준다. 현장이 어떤 분위기인지, 어떤 식으로 고객을 응대하는지 등 현장으로부터 얻을 수 있는 정보들은 인터넷 클릭만으로 알게 된 정보와 질적으로 다르다. 홈페이지에서는 절대 알 수 없는 것들이다. 이런 이유로 고객을 상대하는 일이 많은 금융권 준비생에게는 면접 전 영업장을 방문해 보라고 권한다. 현장 직원과 얘기를 나누고, 입사와 관련된 조언도 받고 온 적극적인 학생들도 많다. 그 학생들 대부분이 면접 결과가 좋았다. 그런 열정 자체가 지원 동기에 힘을 실어 주기 때문이다.

현장에 방문해서는 그 자체에만 만족하지 말고 현장 분위기를 관찰해서 기록으로 남겨 볼 것을 권한다. 경쟁 업체도 방문해서 비교해 보면 더욱 좋다. 예를 들면 이런 것이다. 어떤 은행은 고객과의 접점인 창구를 낮게 설계하여 직원이 일 처리할 동안 고객이 앉아서 기다릴 수 있다. 반면에 창구를 높게 배치한 은행은 고객이 서서 기다려야 한다. 이렇게 고객을 응대하는 창구부터 은행마다 차이가 있다. 이런 세세한 부분은 현장을 가 보지 않으면 절대 알 수 없다.

금융권이 아니더라도 일반 고객을 상대하는 업무에 관심이 있다면 꼭 현장을 방문해 볼 것을 권한다. 직접 눈으로 확인하고 비교하며 얻을 수 있는 정보들이 생각 이상으로 많고, 이것들이 면접 당락을 좌우하는 결정적 차이가 될 수 있다. 현장에서 얻은 정보와 클릭으로 얻은 정보는 내용의 깊이부터 차이 난다는 사실을 명심하자.

모의 면접으로 면접관 입장에 서보라

면접 연습을 하는 데 가장 효과적인 방법이 있다. 직접 면접관의 입장이 돼 보는 것이다. 지원자가 아닌 면접관의 입장에서 보면 질문부터 자세까지 전체적인 그림이 보인다. 이를 위해서는 조력자가 필요하다. 지원자와 면접관, 모니터링으로 역할을 나누고, 역할별로 세 명 정도가 적당하다. 면접 진행을 도와주는 사람 한 명까지 포함하여 10명 내외의 인원으로 하자. 너무 많은 인원이 참여하면 분위기가 산만해질 수 있다.

역할을 나눴다면 본격적으로 모의 면접을 시작해 보자. 모니터링을 맡은 사람들은 면접 진행 동안 지원자의 태도나 말투 등을 관찰해서 기록한다. 주의해야 할 것은 안 좋은 점뿐만 아니라 좋은 점도 기록해야 한다는 것이다. 면접관을 맡은 인원들은 지원자의 서류를 보며 확장된 질문을 한다. 이때도 주의할 점이 있다. 끊임없이 질문을 이어가야 한다는 것이다. 지원자들은 실제 면접이라 생각하고 모의 면접에 임한다. 말투도 친구가 아닌 실제 면접관에게 하는 말투로 답변해야 한다. 다들 진지하게 연습에 임해야 좀 더 좋은 효과를 얻을 수 있다. 면접관들이 더 이상 질문할 게 없어지면 모의 면접을 끝낸다. 마지막으로 지원자들에게 모니터링을 맡은 사람들이 피드백을 해 주면 모든 순서가 마무리된다.

다시 역할을 바꾸어 연습을 반복해 보면, 이 질문에서 내가 어떤 식으로 답해야 할지도 알게 되고 면접관의 입장에서는 어떤 것이 눈에 들어오는지도 파악할 수 있다. 다른 사람의 피드백을 받으며 내가 부족한 점에 대해 객관적으로 들을 수 있고, 반대로 피드백을 해 주면서도 자신의 면접 전략을 가다듬게 되는 장점이 있다. 시간 대비 가장 효율적인 방법이니 팀을 꾸려서 해 볼 것을 권한다.

꼭 준비해야 할
3가지 답변

　암기할 정도로 연습해 가야 하는 세 가지가 있다. 면접에서는 거의 빠지지 않는 '1분 자기소개'와 '지원 동기', '마지막으로 하고 싶은 말'이 그것이다. 어떻게 준비해야 할지 하나씩 살펴보자.

　1분 자기소개 면접은 보통 '자기소개를 간단하게 해 보라'는 요청으로 시작된다. 물론, 회사 사정이나 면접관의 성향에 따라 자기소개 없이 진행되는 경우도 있지만, 대개는 지원자들이 준비한 자기소개를 들어 보고 본격적인 질문으로 들어간다. 그러므로 자기소개 준비는 기본으로 생각하자.

자기소개를 '간단하게' 하라는 시간 기준은 대략 1분 남짓이다. 스톱워치를 1분에 맞춰 놓고 시간이 흘러가는 것을 한번 지켜보자. 생각 없이 지낼 때는 1분이라는 시간이 아주 짧게 느껴지는데, 집중하고 보면 꽤 길게 느껴진다. 실제로 학생들에게 1분 자기소개를 시켜 보면 1분을 다 활용하지 못한다. 이름과 소속 정도만 얘기하고는 말문이 막혀서 1분은 고사하고 30초도 채우지 못하는 학생이 대부분이다.

1분 자기소개에 특별하게 정해진 틀은 없다. 기억에 남을 수 있는 무언가에 자신을 비유해서 표현하는 방법도 좋고, 자신이 지원한 직무를 위해 무엇을 준비해 왔는지 얘기해도 괜찮다. 단, 연대기식으로 나에 관한 모든 얘기를 압축해서 전달할 필요는 없다. 그런 사항들은 어차피 별도로 시간이 주어진다. 어떻게 자신을 표현할 수 있을지 다음의 예시를 참고해 보자.

안녕하십니까? ○○은행의 주춧돌이 되고 싶은 지원자 ○○○입니다. 주춧돌은 건물의 기둥을 받쳐 주는 중요한 돌입니다. 저는 ○○은행의 주춧돌이 되기 위해 세 가지 강점을 키웠습니다.

첫째, 꼼꼼함입니다. 저는 부모님이 주신 용돈을 용돈 기입장에 꼼꼼하게 정리하는 습관을 길러 왔습니다. 그 덕분에 동아리에서 총무를 맡으며 빈틈없는 회비 관리 능력을 발휘할 수 있었고, 선생님과 친구들로부터 인정받았습니다.

둘째, 전문성입니다. 금융인으로서의 전문성을 갖추기 위해 펀드

투자상담사, 테셋 등의 자격증을 취득했습니다.

마지막으로 성실함입니다. 집에서 학교까지 2시간이 넘는 거리지만 지금까지 한 번도 지각해 본 적이 없을 만큼 성실함을 갖췄습니다.

이런 강점을 바탕으로 숨은 곳에서도 제 역할을 다하는 주춧돌 같은 사원이 되고 싶습니다. 감사합니다.

지원 동기 지원 동기를 묻는 것은 어느 회사 면접에 가든 나오는 공통 질문이다. 어디서나 빠지지 않는다는 것은 그만큼 중요도가 높은 질문이라는 뜻이다. 입사 의지를 확인할 수 있는 중요한 질문이다 보니 "우리 회사에 지원한 '진짜' 이유가 무엇인가요?"라고 좀 더 파고드는 면접관도 있다. 그만큼 들으나 마나 한 칭찬 일색의 답변을 하는 지원자들이 많은 것이다. 그런데 이상하게도 그런 회사를 얼마 다니지 않고 그만두는 사람이 상당수이다. 그렇기에 더더욱 기업에서는 '진짜' 지원 동기를 듣고 싶어 한다.

이 질문에 대한 답변은 면접관에게 신뢰와 확신을 주는 데 초점을 맞춰야 한다. 이 회사가 아니면 안 되는 간절함이 보여야 한다는 얘기다. 그렇다고 '무조건 이 회사가 좋다'는 식의 뻔한 답변은 피하는 게 좋다. 발언의 진정성을 의심받을 수 있다. 식상한 답변을 피하려면 내가 알고 있는 회사에 관한 이슈나 가치관, 비전 등을 총망라해서 나와 연관성을 보여 주는 게 관건이다. 마치 이 회사만을 바라보고 준비해 온 사람처럼 느껴질 수 있도록 가능한 구체적으로 설득력 있게 준비해야 한다.

한 가지 주의할 점이 있다. 자기소개서에 작성했던 내용을 벗어난 전혀 다른 지원 동기를 말하면 곤란하다는 것이다.

하고 싶은 말 면접관의 질문이 다 끝나면 지원자들에게 하고 싶은 얘기나 궁금한 점을 물어볼 시간을 주기도 한다. 그런데 여기서도 신중할 필요가 있다. "입사한다면 정확하게 어떤 일을 하게 되나요?"와 같은 질문을 할 바에는 그냥 가만히 있는 게 나을 수도 있다. 이런 질문은 직무에 대한 파악도 안 해 본, 준비되지 않은 사람이라는 인상을 주기에 충분하다. 면접 내내 좋았던 평가를 한방에 뒤집을지도 모르는 질문이다.

아예 말을 하지 말라는 것이 아니다. 끝까지 괜찮은 지원자로 각인시킬 수 있는 한마디를 던지거나 면접 내내 불안했다면 이미지를 반전시킬 기회로 삼아야 한다는 것이다. 그렇게 만들려면 '마지막으로 하고 싶은 말'도 미리 준비해 가는 게 좋다.

제자 중 한 명은 '뽑아 주시면 열심히 일하겠습니다' 같은 식상한 말 대신 노래 가사를 회사명으로 바꿔 부르고 왔다. "○○을 향한 나의 사랑은 무조건 무조건이야. ○○을 향한 나의 사랑은 특급 사랑이야……." 덕분에 다 함께 웃는 분위기로 마무리했다고 한다. 면접에서 어떻게 평가받았는지는 알 수 없다. 하지만 이런 작은 퍼포먼스가 다른 지원자들보다 에너지 넘치는 사람으로 인식되기에는 충분했을 거라 짐작이 간다. 물론, 이 학생은 합격해서 잘 다니고 있다.

자신의 생일을 마지막 멘트에 활용한 학생도 있다. "곧 있으면 저의 ○○번째 생일입니다. 생일선물로 ○○의 합격 연락을 받는다면 평생 잊지 못할 선물이 될 것 같습니다."

'하고 싶은 말'은 말 그대로 어떤 얘기를 해도 좋다는 의미이다. 업무와 관련이 없더라도 괜찮다. 이력서 속의 틀에 박힌 존재가 아닌 자신을 솔직하게 보여 주고 자신의 간절함을 개성 있게 표현한다면 면접관에게 좋은 이미지를 각인시킬 수 있다. 밝고 긍정적인 에너지를 주는 사람을 싫어할 이유는 없으니 말이다.

면접 D-Day,
꼼꼼한 체크리스트

독일의 대표적인 산업디자이너, 디터 람스는 "좋은 디자인은 마지막 디테일에서 오는 필연적인 결과다."라고 말했다. 나는 그 말을 이렇게 고쳐 말하고 싶다. "합격은 마지막 디테일에서 오는 필연적인 결과다."

그만큼 취업에서도 마지막 디테일이 중요하다. 아무리 준비를 잘해 왔어도 마지막 면접 당일의 작은 실수로 인하여 예상치 못한 상황이 발생할 수 있다는 것을 명심해야 한다. 다음에 정리된 내용만 신경 쓴다면 좋은 마무리가 될 수 있으니 꼼꼼하게 체크하고 기억하자.

뉴스 기사를 확인해라

면접 당일에는 그날의 뉴스토픽이 무엇인지, 회사와 관련된 새로운 뉴스가 나왔는지를 검색해 보고 면접에 임하는 것이 좋다. "오늘 기사 읽어 보았나요?" "기억나는 뉴스 하나 얘기해 보세요." 같은 질문을 받을 수 있다.

절대 늦지 마라

절대로 늦으면 안 된다. 임박해서 도착하는 것도 금물이다. 긴장감이 더 커지기 때문이다. 지각까지 한다면 면접에서 아예 제외될 수도 있다. 그러니 면접장에 여유 있게 도착해서 분위기도 살펴보면서 환경에 최대한 익숙해지도록 하자.

자세는 공손한 정도면 된다

많은 취업 도서들과 교육에서 빠지지 않는 것이 자세에 관한 얘기다. 허리는 몇 도로 유지해야 하고, 손의 위치는 어떻게 해야 겸손하게 보인다는 식이다. 물론, 좋은 자세가 중요하지만, 너무 세세하게 각도와 위치까지 신경 쓰다 보면 본인도 그렇고 보는 사람도 불편하다. 과하면 탈이 나는 법이다.

한 인사 담당자는 하나같이 어디서 배워온 듯한 각 잡힌 자세는 로봇 같아 보여서 오히려 거부감이 든다고 하기도 했다. 공손한 자세를 유지하는 정도만으로도 괜찮다. 편한 자세로 임하라고 해서 내 집 소파에 앉아 있는 것처럼 면접 볼 건 아니지 않은가?

보이는 이미지에 신경 써라

습관적으로 머리를 자주 만지는 학생들이 있다. 머리가 긴 여학 생들은 더욱 그렇다. 그런 버릇이 있다면 평소에 신경 써서 고치고 면접에 임하는 것이 좋다. 면접 내내 머리를 만지고 있으면 굉장히 산만하다는 인상을 준다.

긴 머리라면 치렁치렁 늘어뜨리는 것보다 단정하게 하나로 묶을 것을 권한다. 진한 메이크업도 삼가야 한다. 남녀, 나이를 불문하고 너무 진한 메이크업은 면접에서 좋은 인상을 주기 어렵다. 여학생 의 경우 치마 길이도 체크해야 한다. 의자에 앉았을 때를 고려하여 너무 짧지 않은 길이로 준비하도록 하자. 또한, 장신구는 시선을 분 산시키므로 하지 않는 게 좋다.

아직은 많은 기업이 면접에서 꽤 보수적인 편이다. 이미지로 개 성을 드러내는 것보다는 최대한 깔끔하고 단정한 모습을 보여 주 는 게 현명하다.

침묵은 탈락의 지름길이다

미처 준비하지 못한 돌발 질문을 받았을 때 어떻게 대처해야 할까? 당황하면 아무 얘기도 못 하고 시간만 흘려보내는 경우가 있다. 그야말로 '얼음'이 된 것이다. 안타깝게도 면접관은 그런 상황을 마냥 기다려 주지 않는다. 다른 질문을 던지거나, 다른 사람에게 질문의 기회가 넘어가 버릴 수 있다. 우물쭈물하며 분명하지 못한 태도를 보이면 그 사람에 대한 기대감마저 떨어뜨린다.

어떤 식으로든 본인 입으로 답변을 마무리하는 것이 중요하다. 언채로 시간을 흘려보내다 면접관이 마무리하게 놔 두지 말아야 한다.

시선 처리는 자연스럽게

우리나라에는 어른과 눈을 똑바로 마주 보는 것을 예의에 어긋난다고 생각하는 정서가 있다. 그런 영향 때문인지 일상적인 대화를 나눌 때도 시선이 부자연스러운 경우를 많이 보게 된다. 하지만 질문자의 눈을 바라보고 대답하는 것이 중요한 면접에서조차 그렇다면 곤란하다. 눈싸움하듯이 노려보라는 게 아니라, 시선을 편하게 마주치고 공감을 유도하라는 의미다. 시선을 피하는 모습은 어딘가 부자연스러워 보이고, 답변의 신뢰성에도 의심이 갈 수 있다. 시선이 땅에 가 있는 모습도 좋지 않다. 매우 소극적이고 자신 없어 보인다. 눈을 자주 굴리거나, 질문자가 정면에 있는데 자꾸 옆을 바라보는 것도 삼가야 할 모습이다. 면접관이 여럿이라면 한 면접관의 질문에 답하는 중이라도 다른 면접관들에게도 시선을 골고루 나눠 주는 게 좋다.

극단적인 답변은 지양해야 한다

특정 주제에 대한 지원자의 의견을 물어볼 수 있다. 소신껏 답변하기 쉬운 무난한 주제도 있지만, 다소 민감한 주제도 있다. 이런 질문일수록 대답을 신중하게 해야 한다. 무엇보다 너무 극단적인 단어 선택과 단정적인 답변은 지양해야 한다.

예를 들어 "휴일 근무에 대해 어떻게 생각하세요?"라는 질문에 "사적인 시간 침해이므로 절대 바람직하지 않다고 생각합니다." 식으로 딱 잘라서 답변하는 것은 좋지 않다. 이러한 질문에 대해서는 전반적인 상황을 아우르며 융통성 있게 답변을 하는 게 바람직하다. 자기주장이 강하게 보일 경우, 팀워크에 지장이 있을까 하는 우려를 낳을 수 있다.

끝까지 듣고 답해라

면접관이 질문한 것과 전혀 다른 방향의 대답을 하는 지원자들이 있다. 집중해서 듣지 않았거나, 질문의 요지를 제대로 파악하지 못한 것이다. 그야말로 동문서답이다. 이미 얘기했듯이, 면접에서의 답변은 단순히 말을 잘하는 게 능사가 아니다. 질문의 요지를 잘 파악해서 그에 맞는 대답을 하는 게 핵심이다. 대단한 답변이 아니더라도 차분하게 근거를 대며 말하면 면접관들의 이목을 끌 수 있다. 무조건 길게 한다고 좋은 것도 아니다. 의미 없는 내용을 길게 얘기하는 것보다는 핵심을 정리해서 간단명료하게 얘기하는 게 낫다.

모르는 것은 솔직하게 인정해라

면접 질문 중에 모르는 것이 있을 수 있다. 긴장해서 생각나지 않는 경우도 있다. 그럴 때 애써 아는 것처럼 얼버무리다 보면 요점에서 벗어난 미사여구를 장황하게 남발하게 된다. 장점을 드러낼 시간만 잡아먹을뿐더러 감점 요인도 될 수 있으니 모르는 것에 대해서는 솔직하게 인정하는 모습이 더 바람직하다. 위축되지 말고 앞으로 어떻게 보완할 것인지를 적극적으로 말하면 된다. 면접관은 지식의 양보다는 배우고자 하는 간절한 태도를 더 높이 산다. 다만, 기본적인 지식조차 결여된 면접자가 좋은 점수를 얻기는 힘들 것이다.

대답하기 곤란한 질문도 간혹 있다. 모르는 질문과는 상황이 다르니 대처하는 방법도 달라야 한다. 모르는 질문은 모른다고 인정하면 되는데, 곤란한 질문도 모른다고 대답하면 안 된다. 예를 들어 나쁜 성적을 지적받는다면 어떻게 답해야 할까? 노력하지 않아 생긴 결과이므로 순순히 지적을 받아들이는 게 좋은 전략일까? 그렇지 않다. 곤란한 질문에 대해서는 약점을 인정하는 대신에 자신이 가진 경험 중 최선의 것을 얘기해 주는 게 좋다.

성적은 비록 좋지 않지만, 자원봉사에 적극적으로 참여하면서 성적보다 더 중요한 가치들이 있다는 것을 알게 되었습니다. 그 과정에서 늦게나마 공부가 중요하다는 것도 깨달았기에 취업을 하게 되면 업무에 대한 공부도 게을리하지 않는 사람이 될 것입니다.

어떤가? 이렇게 대답하면 오히려 좋은 인상을 얻을 수 있다. 면접관들도 지원자들이 완벽하다고 생각하지 않는다. 다만, 그 상황을 어떻게 대처하는지가 면접의 성패를 결정할 수 있다는 것을 명심하자.

면접관의 질문이 잘 안 들리거나 긴장한 나머지 제대로 못 들을 때도 있다. 그럴 경우에는 정중하게 "죄송합니다만, 다시 한 번 말씀해 주시겠습니까?" 하고 재요청하도록 하자. 질문의 요지를 제대로 파악하지 않고 동문서답하는 게 문제이지, 재요청은 문제 되지 않는다.

면접관의 표정에 흔들리지 마라

지원자들은 면접관의 표정 하나에도 온 신경이 집중되게 마련이다. 면접관의 표정이 굳어 있거나 관심 있게 듣지 않는다고 느껴지면 답변에 대한 자신감이 떨어진다. 빨리 끝내고 싶은 마음에 말이 빨라지기도 한다. 하지만 면접관의 성향이나 행동, 표정 등에 휘둘릴 필요가 전혀 없다. 애써 편안한 분위기를 만들어 주려고 농담을 하거나 호응을 해 주는 면접관도 있는 반면에, 포커페이스로 일관하는 면접관도 있다. 면접 분위기가 좋아서 합격을 예상했는데 결과는 정반대인 경우도 종종 있다. 면접관의 표정이나 행동이 합격 여부를 말해 주는 것은 아니므로, 주어진 시간 동안 답변에만 집중하여 내 페이스를 이끌어 가는 게 중요하다.

옆에 누가 앉든 위축되지 마라

집단 면접에서 옆에 앉은 사람이 말을 잘하면 마음이 위축될 수 있다. 나보다 훨씬 화려한 경험과 경력을 가진 지원자일 경우라면 더욱 그렇다. 스펙을 보지 않는 스펙 초월 전형으로 면접까지 간 학생이 있었다. 현장을 가 보니 본인을 뺀 나머지 지원자들이 모두 쟁쟁한 기업에서 인턴을 해 봤거나 직장 경력을 가지고 있었단다. 그것을 알고 난 순간부터 주눅이 들어 시종일관 자신 없는 태도로 면접을 치렀고, 당연히 결과도 좋지 않았다.

이걸 알아야 한다. 경력도 없는 고등학교 재학생이 쟁쟁한 경력의 지원자들과 동등한 위치에 섰다는 것, 그 자체가 의미 있는 일이다. 그들과 견줄 만한 무언가가 자신에게 있기 때문에 면접까지 간 것이다. 어찌 보면 경력자들보다 더 대단한데, 기죽을 필요가 있었을까?

일단 면접이 시작되면, 내 옆에 아무리 대단한 사람이 앉아 있더라도 절대 주눅 들지 말아야 한다. 면접 도중 포기하는 것도 금물이다. 면접관들이 한목소리로 강조하는 것은 자신감임을 명심하고, 내 차례가 오면 그저 최선을 다하면 그뿐이다.

공통 질문에 내가 마지막 순서라면

공통 질문에서 대답 순서가 마지막일 경우가 있다. 어려운 질문이라면 생각할 시간을 좀 더 버는 셈이니 유리할 수 있다. 하지만 무난한 질문인 경우는 앞사람들이 내가 생각한 의견을 다 말해 버려서 정작 내 차례에 할 얘기가 없게 된다. 그럴 때는 독특한 대답을 고민하기보다는 "저 또한 앞의 지원자들과 같은 의견입니다."로 시작하여 생각했던 답변을 소신껏 논리정연하게 하면 된다. 여기에 "한 가지 더 말씀드리자면……." 식으로 보충 의견을 추가하는 것도 좋은 방법이다.

내 대답만 잘하면 끝이 아니다

집단 면접을 하다 보면 면접관이 본인에게 질문하는 순간에만 좋은 태도를 보여 주는 학생들이 있다. 다른 학생들에게 질문이 돌아가면 딴청을 피우는 것이다. 내 차례가 끝났다고 해서 나에 대한 평가 역시 끝났다고 생각하면 안 된다. 다른 지원자들이 대답할 때에도 경청하는 모습을 보여 주는 게 중요하다. 면접관은 듣는 모습까지도 평가한다는 것을 잊지 말 것!

문을 나설 때까지 방심하지 마라

면접장에 도착한 순간부터 면접이 시작된다는 생각으로 모든 행동을 신경 써야 한다. 휴대폰은 도착하자마자 전원을 꺼 두자. 대기 시간에 휴대폰 게임을 하거나 친구와 계속 메시지를 주고받는 것은 피해야 한다.

간혹 면접장에서 퇴장함과 동시에 시끄럽게 고함을 지르거나 떠드는 학생들이 있다. 후련한 마음은 이해 가지만, 면접 중이거나 대기하는 사람들이 있으니 조심스럽게 행동해야 한다. 건물을 나오는 순간까지 평가는 끝난 게 아니다. 끝까지 예의 바른 태도를 유지하길 바란다.

기출 문제 답변 가이드

"어떤 운동 좋아하세요?"처럼 생각해 보지 않아도 곧바로 대답할 수 있는 질문들이 있다. 사실 그대로 얘기하면 되는 건 힘들지 않지만, 질문자의 의도를 생각해 봐야 하는 질문은 학생들이 유독 답변하기 어려워한다. 실제 면접 본 학생들이 힘들었다는 질문을 중심으로 어떤 식으로 답변해야 할지 한번 살펴보자.

Q. 출결이 안 좋은데 왜 그런 거죠?

애초부터 취업을 목표로 고등학교에 진학한 학생들도 많지만, 그렇지 않은 학생들도 많다. 특별한 목표가 없다 보니 학업 의지 없이 방황을 많이 한다. 1학년 때가 가장 심하고, 그런 방황의 흔적은 출결에 고스란히 드러난다. 출결은 성적과 마찬가지로 성실도를 보여 주는 척도 중 하나이므로 채용에서 중요한 변수로 작용할 수 있다. 면접 때 이 부분을 질문받는다면, 출결이 나빴던 이유에 대해 솔직하게 얘기하는 편이 낫다. 대신, 그때와 지금은 다르다는 것을 명확히 인식시켜 주기 위해, 어떤 계기로, 어떻게 달라졌는지를 답변에 반드시 포함해야 한다.

Q. 특성화고에 지원하게 된 계기가 뭔가요?

일반고가 아닌 특성화고에 진학한 이유를 묻는 것은 단골 질문이다. 그만큼 중요도가 높다는 말이다. 성적이 안 좋아 어쩔 수 없었다거나 대학 진학에 유리하기 때문이라거나 하는 식의 답변은 피해야 한다. 취업에 대한 강한 의지가 진학의 이유에 담겨 있어야 하고, 지원 기업과 연결한다면 더욱 좋은 점수를 얻을 수 있다.

Q. 다른 회사도 지원했나요?

아무리 목표가 분명하더라도 취업 준비생이 오로지 한 곳만 지원하는 경우는 거의 없다. 면접관들도 이 점을 잘 알고 있으니 갈등할 필요가 없다. 잘 보이고 싶은 마음에 이 회사만 지원했다고 얘기하기보다는, 다른 곳도 지원했으나 이 회사에 입사하고 싶다는 분명한 의지를 드러내는 게 좋다. 어떤 회사든 좋은 인재가 타 회사를 선택하는 것을 우려하기 때문이다.

Q. 함께 일하는 상사와 잘 맞지 않을 때는 어떻게 하실 건가요?

직장생활에서 상사와 맞지 않는 것만큼 곤혹스러운 게 없다. 아무리 당당함이 좋다고 해도 할 말은 하고 지내겠다는 식의 답변은 삼가길 바란다. 무조건 맞추겠다는 수동적인 답변을 하라는 것이 아니다. 맞지 않는 부분을 어떻게 지혜롭게 풀어 나갈지에 대한 해법을 제시하는 게 최선이다. 직장생활은 직무능력만큼이나 대인관계가 중요한 터라, 소통이 원활한 사람을 선호할 수밖에 없다.

Q. 진상 고객이 오면 어떻게 하실 건가요?

개인이 아닌 직원으로 생각해 보면 이런 질문은 의외로 답변하기 쉽다. 어찌 되었건 핵심은 진상 고객도 고객이라는 점에 주안점을 두고 대답해야 한다. 직원 마인드를 다시 한 번 기억해 두자.

Q. 대학에 진학해서 더 배우고 싶다는 생각은 없으세요?

이 질문의 의도는 두 가지 각도에서 생각해 봐야 한다. 일하다가 진학을 이유로 퇴사해 버리는 것에 대한 우려일 수도 있고, 개인의 성장 계획을 듣고 싶을 수도 있다. 우려를 안심시키면서도 자기계발 의지를 드러내려면, 시간을 개입시키면 된다. 당장 일이 년 후가 아니라 몇 년이 지난 미래라는 점을 주지시키는 것이다. 대학 진학을 굳이 언급할 필요는 없다. 끊임없이 배우고 싶다는 의지를 드러내는 것만으로도 자기관리를 게을리하지 않는 사람으로 인식되고, 금방 그만둘 수 있다는 우려도 잠재울 수 있다.

Q. 나중에 어떤 사람이 되고 싶으세요?

막연하게 좋은 사람이 되고 싶다거나 개인적인 계획을 얘기하기보다는 직무와 연결하여 장기적인 목표를 얘기하는 게 바람직하다.

Q. 가장 감명 깊게 읽은 책을 말해 보세요.

면접관도 읽은 책을 답변한다면 공감대를 형성할 좋은 찬스다. 하지만 감명은 고사하고 책 제목조차 답하기 힘들어하는 학생들이 꽤 많다. 단순한 질문 같아 보여도, 교과서나 만화책 말고는 완독한 책이 거의 없다시피 한 학생에게는 대단히 어려운 질문이다. 어디서 들어 본 책 제목을 대는 학생들이 간혹 있는데, 질문이 좀 더 깊이 들어가면 상황이 곤란해질 수 있다. 그러니 감명 깊게 읽지 않았더라도 꼭 완독한 책만 언급하자. 면접관들은 어설프게 아는 척하는 걸 제일 싫어한다.

Q. 힘들었던 일은 무엇이고, 그것을 어떻게 극복하였나요?

위기 대처능력을 평가하는 질문으로, 극복한 방법을 사례와 함께 얘기하면 된다. 이때 회사생활에서 유사한 일에 봉착했을 때 어떻게 지혜롭게 대처할 수 있을지 미리 생각해 보고 답변하면 좋다.

Q. 상사가 자신의 업무와 무관한 일을 시킨다면 어떻게 하실 건가요?

무조건 한다는 수동적인 자세도 좋지 않지만, 무조건 못한다는 부정적인 답변 역시 피해야 한다. 면접 질문은 '만약'을 전제로 진행되는 것이다. 이를 지금 벌어지고 있는 상황처럼 심각하게 받아들이며 대응한다면 면접용 답변에서 점점 멀어지게 된다. 특히 자세와 관련된 질문에 대해서는 긍정적인 자세를 보여 주는 게 좋다.

Q. 가장 최근에 읽은 기사를 말씀해 주세요.

경제, 사회, 문화 등 자신이 관심 있게 읽었던 기사를 소개하면 된다. 단, 답변한 이후로 지원자의 생각을 묻는 후속 질문이 이어질 수 있으니 민감한 주제는 가급적 피하는 게 좋다.

Q. 지원한 직무에서 자신의 장점은 뭔가요?

성격적 장점과 해당 직무를 연결할 때는 신중해야 한다. 가령, 느긋한 성격은 일반적으로는 긍정의 이미지라도, 순발력이 필요한 직무에서는 장점이 될 수 없다. 따라서 해당 직무에서 무엇을 하는지, 어떤 자질이 필요한지를 미리 파악하고 장점과 연결해야 한다.

Q. 아침은 먹고 왔나요?

이런 식의 질문은 긴장을 풀어주기 위한 것이니 편하게 답하면 된다. 사소한 질문까지도 의도를 찾으려 고민하지 않길 바란다.

부록에도 삼성그룹, 금융권, 중견기업 등의 면접에서 나온 질문들을 취합해 빈도수가 높은 질문 100개를 추려 실었으니 참고하길 바란다.

불합격을 대하는 우리의 자세

면접 결과가 발표되면, 기업의 채용 문답 게시판에 불합격한 사람들이 올린 글들을 심심찮게 볼 수 있다. 면접을 잘한 것 같은데 왜 떨어졌는지 모르겠다는 항의성 글부터 상황에 호소한 글까지, 사연도 다양하다.

'어머니와 단둘이 사는 학생인데, 본인이 가장 역할을 하고 있다. 자신의 역량을 다 보여 주지 못한 것 같으니 다시 기회를 달라.'는 내용도 있었다. 지원자의 절절한 상황이 느껴지고, 오죽하면 글까지 올렸을까 하는 마음에 안타까웠다. 하지만 그런 글을 쓴다고 해도 결과는 번복되지 않는다. 면접은 누구에게든 공평하게, 단 한 번 주어지는 기회이기에 그 순간에 최선을 다할 수밖에 없다.

누구라도 불합격 통보를 받으면 기분이 좋을 리가 없다. 그럴수록 나와 인연이 없는 회사이겠거니 속 편하게 생각하고, 다른 회사를 준비하는 게 현명하다.

냉정하게 생각하면, 나보다 좀 더 열심히 준비한 사람이 합격한 것이고, 나보다 좀 더 간절한 사람이 합격한 것이다. 그러니 나는 좀 더 열심히, 좀 더 간절함을 갖고 다음을 준비하면 된다. 탈락의 고배를 마신 회사보다 더 좋은 회사에 입사하게 될지도 모를 일이다.

전 야구선수였던 요기 베라(Yogi Berra)의 명언처럼, 끝날 때까지 끝난 게 아니다. 스스로가 포기하기 전까지는 말이다.

Chapter 7.

블라인드 채용 시대, NCS가 뜬다!

한 번에 합격하는 경우는 극히 드뭅니다. 누구나 자신이 잘하는 부분과 못하는 부분은 있게 마련입니다. 떨어지는 과정이 자신을 더 업그레이드하는 과정이라고 생각하고, 떨어진 이유를 분석하고 고쳐서 다음번에는 그것 때문에 떨어지지 않게 해야 합니다. 여러 번 실패한다고 좌절하고 포기하지 마세요. 끝까지 자신의 부족한 점을 찾아내고 계속해서 극복해 낸다면 반드시 취업에 성공할 수 있습니다.

- 신현준(코닝정밀소재 입사)

01

선생님,
NCS가 뭐예요?

"선생님! 공기업이 이제 스펙을 안 보나 봐요."

"응? 그게 무슨 소리야?"

"NCS라는 걸로 채용을 한다는데 스펙을 안 본대요."

꽤 오랫동안 스펙 중심으로 진행되던 채용이 최근 몇 년 새 변화하기 시작했다. 채용의 키워드가 스펙 중심에서 직무 중심으로 빠르게 옮겨가고 있는 것이다. 이런 새로운 트렌드를 견인하는 중요한 키워드 중 하나가 바로 NCS다. 2015년 일부 공공기관을 주축으로 도입된 NCS는 2017년부터 모든 공공기관에 전면 도입되었다. 즉, 이제 공공기관에 지원하려면 NCS 준비가 필수인 셈이다. 하지만 아직도 많은 학생들이 NCS에 대해 혼란스러워하고 있으니 개념부터 먼저 정리해 보자.

NCS는 National Competency Standards의 약자로, '국가직무능력표준'을 뜻한다. 산업현장에서 직무를 수행하기 위해 요구되는 능력을 산업부문별, 수준별로 체계화한 것이다. 많은 학생이 NCS를 스펙을 보지 않는 채용제도로 잘못 알고 있는데, 정확히 말하면 스펙을 보지 않는다는 말이 아니라 해당 직무에 적합한 스펙을 보는 것이다. 즉, 불필요한 스펙은 배제하고 직무에 맞는 능력만을 보는 것으로, '이런 일에는 이런 능력을 갖춘 사람이 필요하다.'고 국가에서 정해 놓은 기준이 있다.

영업사원을 채용해야 한다면 어떤 기준으로 뽑아야 할까? 성적이 좋은 사람? 자격증이 많은 사람? 단순히 말을 잘하는 사람? 기존 채용 방식에서는 선발 기준이 모호했다. 하지만 NCS에서 영업 직무를 수행하는 데 필요한 능력을 지식, 기술, 태도별로 체계화했기 때문에 그 기준을 가지고 인재를 선발할 수 있게 되었다. 취업을 준비하는 사람들은 NCS에서 제시한 능력을 갖추기만 하면 된다.

NCS 기반 채용에서는 직무를 수행할 수 있는 능력과 경험만 있다면 누구나 지원할 수 있고, 직무에 따라서는 스펙 좋은 대졸자보다 직무능력이 있는 고졸자가 유리한 경우도 있다. 이력서에 한 줄이라도 더 채워 보자고 필요도 없는 스펙을 쌓느라 돈과 시간을 낭비할 필요가 없게 된 것이다. 채용공고만 보더라도 차이가 있다. 기존 채용 방식의 공고를 보면 자격증, 학력 등 지원 자격에 대한 단순 정보만 제공할 뿐, 담당 직무에 대한 설명도 부족하고 어떤 경력이 필요한지 상세하게 명시되지 않아 답답하다. NCS 기반 채용공고는 이와 다르다. 한국수출입은행 고졸 업무직원 채용(2021) 공고처럼 해당 직무를 명확히 설명하고 직무에 필요한 지식, 기술, 태도를 구체적으로 명시한 직무설명서가 제공된다.

모집분야 및 인원(고졸 채용만 발췌)

부문	인원	주요 직무	비고
업무직원 (고졸)	2명	사무업무 보조, 총무업무 지원, 임원지원업무, 우편관리 등	직무설명서

공공기관 취업을 원한다면 일찌감치 그에 맞춰 준비하는 것이 당락의 변수가 될 것이다. 또한, NCS의 핵심인 직무 관련 경험은 일반 기업의 취업에도 큰 영향을 끼칠 수 있으므로, 지금부터 하는 얘기들을 참고하여 전략적으로 준비해 보자. 앞서 얘기했던 것과 유사하더라도 다시 정리한다는 생각으로 쭉 읽어 보길 권한다.

진로 설정을 먼저 해라

여행 전에 미리 가야 할 곳을 알아보고 움직이면 여행지에서 헤매는 시간을 줄일 수 있다. 취업도 이와 다르지 않다. 내가 갈 길에 대한 방향을 알고 계획을 확실히 세워 두면, 실패할 확률도 줄어들고 어떤 장애물이 생겨도 끝까지 갈 수 있다.

직무 관련 경험과 경력을 많이 쌓아라

일단 직무를 결정한 후에는 직무에 필요한 경험과 경력을 NCS 직무설명자료를 통해 확인하고 그것에 맞게 준비해 나가야 한다. 졸업생이라면 경력을 쌓을 기회가 있겠지만, 재학생은 제한적이므로 경험을 쌓으면 된다. 단, 경험 하나를 쌓더라도 직무능력을 갖춘 사람임을 보여 줄 수 있는 경험이라야 한다. 그렇지 않으면 불필요한 스펙을 쌓느라 시간과 노력만 낭비하게 될 것이다.

채용 기업과 직무에 대해 공부해라

기업과 직무는 취업 준비생들이 알아야 할 필수사항이다. NCS 기반 채용에서는 이 점이 한층 더 강조된다. 자기소개서에서는 아래 예시처럼 직접적으로 지원 회사와 직무에 대해 묻기 때문이다.

- 최근 에너지 분야 이슈 중 중요하다고 생각되는 한 가지를 선택하고 (이하 생략)
- 우리 공사의 역할이 무엇인지 설명하고 (이하 생략)
- 본인이 지원한 직렬의 주요 업무를 간략히 기술하고 (이하 생략)

이러한 항목들은 정보를 찾아보는 게 수고스러울 뿐, 경험과 생각을 묻는 항목에 비하면 작성 자체에 어려움은 없다. 그러니 꼭 알아야 할 정보들에 대해서는 명확하게 정리해 두자.

미리 한번 써 봐라

해당 기업의 최근 NCS 채용 지원양식을 찾아서 실제로 한번 써 보길 권한다. NCS 자기소개서에 대한 감을 익히고, 어떤 경험이 부족한지 스스로 깨달을 수 있다. 그래야 부족한 경험을 채울 방법도 계획할 수 있다.

사이트를 활용해라

NCS 채용을 처음 접해 본 학생들은 '시험 보기 전에 NCS에 대해 좀 더 알아 둘 걸 그랬다'는 얘기를 많이 한다. 그만큼 생소한 부분에 당황했다는 의미이다. 어떻게 해야 할까? NCS 채용에 대한 저서들이 속속 출판되고 있지만, 가장 정확한 정보원은 역시 NCS 사이트(www.ncs.go.kr)이다. 사이트에는 NCS에 대한 개념 설명뿐만 아니라 필기, 면접 문항 등의 샘플 자료들이 상당수 등록되어 있고, 계속 업데이트되고 있다. 이 자료들을 내려받아 어떤 유형인지 미리 파악하면 NCS를 이해하는 데 도움이 될 것이다.

막막한 서류전형에서
만만한 서류전형으로

NCS 채용의 서류전형에서 주로 제출하는 서류로는 입사지원서, 직무능력소개서, 자기소개서가 있다. 이 중에서 직무능력소개서는 일반적인 채용 서류에서 볼 수 없었던 것이라 매우 낯설고 막막하게 느껴질 것이다. 부담스러운 건 사실이지만, 따지고 보면 직무능력소개서가 NCS 채용에서 새롭게 도입한 서류는 아니다. 경력직 채용에서 자기소개서보다 중요하게 보는 경력기술서가 직무능력소개서와 다를 바 없기 때문이다. 경력이 없는 지원자들을 평가하기 위해 경력 대신 경험을 작성하게 한 것이 직무능력소개서라고 보면 된다.

입사지원서

첫 관문은 입사지원서 작성이다. NCS 기반 입사지원서는 기존의 이력서와 유사하지만, 직무 수행에 꼭 필요한 사항만을 기재하도록 구성되어 있다. NCS 입사지원서 예시는 부록에서 참고하자.

인적사항 지원자들을 식별하고 관리하는 데 필요한 성명, 생년월일, 연락처 등 최소한의 정보로만 구성된다. 기재한 연락처를 통해 긴급 공지사항을 받을 수 있으니 오기하지 않도록 주의하자.

교육사항 크게 학교교육과 직업교육으로 구성된다. 학교교육은 제도화된 학교 내에서 이루어지는 교육과정을 의미한다. 직업교육은 학교 이외의 기관에서 실업교육, 기능교육, 직업훈련 등을 이수한 교육과정을 의미한다. 이 항목은 직무에 대한 지원자의 관심과 노력을 판단하는 기준으로 활용된다.

자격사항 자격사항에는 보유한 자격증 중에서 직무와 관련된 것을 기재하면 된다. NCS 직무기술서에 제시된 자격현황을 참고하여 지원자가 직무 수행에 필요한 기술을 가졌는지를 판단하게 된다. 반드시 관련된 자격만 기재하도록 한다.

경력사항 및 직무 관련 활동 경력사항에는 직장 경력을, 직무 관련 활동에는 경험과 관련된 활동들을 기재한다. 여기서 경력과 경험을 구분 짓는 가장 큰 기준은 '보수'에 있다. 경력사항에는 금전적 보수를 받고 수행한 활동을 적으면 된다.

경력 작성 시 주의해야 할 것은 추후 경력증명서로 입증할 수 있는 내용만 기재해야 한다는 점이다. 입증자료가 없다면 경력으로 인정받기 어렵다.

직무 관련 활동에는 교육과정 내 수행평가 및 과제 활동, 팀 프로젝트, 온라인 커뮤니티 활동 등이 있다. 경력 및 경험과 관련된 구체적인 내용은 각각 경력기술서, 경험기술서, 자기소개서에 작성하면 된다.

직무능력소개서

직무능력소개서는 입사지원서에 기재한 경력 및 경험 항목의 사실 여부를 판단하는 중요한 자료이다. 직무 관련 경험을 위주로 본인이 수행한 활동 내용, 소속 조직이나 활동에서의 역할, 활동 결과에 대해 입사지원서보다 구체적으로 작성하면 된다.

자기소개서

NCS 서류 중 단연 눈에 띄는 것은 자기소개서이다. 성장 과정, 성격의 장단점과 같은 전통적인 자기소개서 항목과는 많은 차이가 있다. NCS 기반 자기소개서의 대표적인 특징은 다음과 같다.

직무 관련 경험이 핵심이다 NCS 기반 자기소개서의 항목은 직무능력을 구체적으로 파악하기 위한 것들로, 아래 예시처럼 관련 경험을 묻는 비중이 크다.

- 자신의 지원 분야에 전문성을 높이기 위한 노력(구체적 과정, 경험 등 포함)과 이를 잘 수행할 수 있다고 생각하는 이유를 담아 지원 동기를 작성해 주십시오. 또한 과거의 교육과정이나 경력들이 지원 분야 업무와 어떤 관련성이 있는지와 그러한 전공지식, 기술 및 경험들이 실제 업무 수행에 어떤 방식으로 도움을 줄 수 있는지 구체적으로 기술해 주십시오.(한국가스공사, 2021)

단편적인 것을 묻지 않는다 NCS 기반 자기소개서에서는 자신의 강점, 지원 동기 등 단편적인 것을 묻는 항목이 사라졌다. 내가 어떤 성장 과정을 거쳤는지, 성격이 어떤지 등 나에 관해 자전적으로 소개하는 항목 또한 찾아보기 힘들다. 아래와 같이 복합적인 질문이 제시된다.

- 한국가스기술공사에서 왜 귀하를 채용해야 하는지와 입사하면 어떤 방법으로 조직에 기여할 수 있는지, 또한 한국가스기술공사에서 무엇을 성취하고 싶은지를 기술해 주십시오.(한국가스기술공사, 2021)

인재상이 더욱 중요해졌다 예나 지금이나 기업의 인재상은 인재 선발의 중요한 기준이다. 기존 채용 방식은 인재상을 직접 거론하는 질문이 없더라도 지원자가 스스로 기업에서 원하는 인재로 보이는 데 초점을 두고 작성해야 한다. 이 부분은 NCS 자기소개서에서도 여전히 유효하다. 달라진 게 있다면 인재상과 관련된 내용이 직접적으로 드러나 있다는 점이다.

- 한국가스기술공사에서 중요하게 생각하는 인재상은 다음과 같습니다.

  1) 새로운 세계에 도전하는 사람

  2) 헌신적인 열정을 가진 사람

  3) 고객의 문제 해결에 유능한 사람

  세 가지 인재상 중 자신과 가장 부합된다고 생각하는 인재상을 하나 선택하여, 구체적인 사례를 포함하여 그렇게 생각하는 이유를 기술하여 주십시오.(한국가스기술공사, 2021)

작성에 시간이 많이 소요된다 단순 사실을 묻는 게 아닌 지원자의 경험과 생각을 요구하는 질문들이 주를 이루다 보니 쉽게 쓸 수 있는 항목들이 별로 없다. 충분한 여유를 가지고 준비해야 한다.

- 공직자의 직업윤리가 중요한 이유를 본인의 가치관을 중심으로 기술해 주십시오.(한국가스공사, 2021)

위와 같은 질문에 고민 없이 바로 적을 수 있는 사람이 얼마나 될까? 본인의 가치관을 먼저 정립해야 하고, 지원 분야의 직무를 수행하는 데 필요한 직업윤리의 중요성에 대해서도 생각해 봐야 한다. 그런 다음 그 둘을 접목해야 하는 터라 절대 만만치 않다.

틀에 박힌 항목이 줄었다 성장 과정, 성격 및 장단점 등으로 구성된 항목은 기관 고유의 차별성을 반영하지 못한다. 자기소개서 하나를 작성해 놓고 다른 회사에도 그대로 붙여넣기가 수월했기 때문에 '입사 지원만 수백 군데 넘게 해 봤다'는 경험담도 가능했다. 하지만 NCS 채용에서는 힘들 것 같다. 틀에 박힌 항목이 줄어들었고, 무엇보다 기업의 성격을 반영한 차별화된 문항들이 많아졌기 때문이다. 합격 자기소개서를 찾아보더라도, 같은 기업이 아닌 이상 예전처럼 그대로 적용하기가 쉽지 않을 것이다.

자기소개서 작성 방법

NCS 기반 자기소개서는 직무설명자료에서 제시되는 직업기초능력과 직무수행능력 측정을 위해 필요한 질문들로 구성되어 있다. 그런데 NCS 자기소개서를 처음 본 학생들은 하나같이 항목 이해부터 막막하다고 한다. 어떤 학생들은 글쓰기 학원에 다녀야겠다고 할 정도로 쓰기에도 어려움을 느낀다. 기존 자기소개서 항목과 달리 깊이 있는 사고를 요구하는 문항들이 많으므로 그것을 표현하는 게 쉽지만은 않을 것이다. 어떻게 하면 NCS 기반 자기소개서에 좀 더 쉽게 접근할 수 있을까? 이제부터 그 방법을 하나씩 살펴보자.

첫째. 질문의 의도를 먼저 파악해라 자기소개서는 철저하게 상대방에게 보여 주기 위한 글이다. 내가 아닌 상대방의 구미에 맞게 글을 써야 한다는 의미다. 그렇게 하려면 상대방이 원하는 것이 무엇인지 제대로 파악해야 한다. 자기소개서 항목을 나눈 것도 그저 담당자가 편하자고 나눠 놓은 게 아니다. 항목마다 지원자로부터 알고자 하는 정보가 다르다는 것을 의미한다.

둘째. 핵심을 찾아라 제대로 질문을 이해하지 않으면 질문 방향과 거리가 있는 내용을 쓸 소지가 있다. 꼼꼼하게 질문을 읽으면서 요구하는 사항 중 가장 핵심이 무엇인지 찾도록 하자. '직장인으로서의 직업윤리가 왜 중요한지 본인의 가치관을 중심으로 설명하십시오.'라는 항목에서 핵심은 무엇일까? 직장인으로서의 직업윤리일까? 본인의 가치관일까? 핵심부터 제대로 파악해야 묻고자 하는 바에 충실히 답할 수 있다.

셋째. 요구하는 것들은 반드시 포함해라 한 문항에서 여러 가지를 복합적으로 요구하는 경우도 종종 있다 보니 자칫 놓치는 것들이 생길 수 있다. 다음 문항을 살펴보자.

- 당면한 문제를 해결하기 위해 시도했던 경험 중 원인을 철저히 규명하

여 문제를 해결했던 사례에 대해 구체적으로 기술해 주십시오. 당시 문제가 되는 상황은 무엇이었으며, 어떠한 과정을 통해 원인을 규명하였는지, 그렇게 문제를 해결한 이유는 무엇이었는지 상세하게 기술해 주십시오.(한국남동발전, 2021)

문항에서 요청하는 세부사항들이 있다면 반드시 모두를 포함해 작성해야 한다. 이때는 아래의 예시처럼 각각 떼어 놓고 생각하면 효율적이다.

A. 당면한 문제를 해결하기 위해 시도했던 경험 중 원인을 철저히 규명하여 문제를 해결했던 사례
  a1. 당시 문제가 되는 상황
  a2. 원인 규명 과정
  a3. 그렇게 문제를 해결한 이유

이 항목의 핵심은 A이다. A의 내용 안에는 세부적으로 요청한 a1, a2, a3에 해당하는 내용이 전부 포함되어야 한다.

넷째. 경험에는 과정과 결과를 포함하라 경험을 기술하고 그것을 끌어내는 방법은 NCS라고 해서 특별히 다를 건 없다. 아래 문항에서 확인되듯 기존 자기소개서보다 구체적인 문항이 제시되므로 오히려 수월한 측면이 있다.

● <u>스스로 목표와 개발 계획을 수립하여 실천했던 경험을 작성해 주십시오.</u> 구체적인 목표와 목표수립 이유, 개발계획, 달성 결과를 포함하여 작성해 주십시오.(한국철도공사, 2021)

무엇을 기술할지 선택했다면 어떤 경험 또는 상황(문제)이었는지를 얘기하고 그 과정과 결과를 일관성 있게 적어 나가면 된다. 과정을 기술할 때는 단순 경과보다는 문제 해결 과정과 그 과정에서 힘들었던 점이나 깨달은 바를 구체적으로 쓰면 좋다. 합격자의 자기소개서로 감을 익혀 보자.

저는 웹 개발 동아리를 개설한 적이 있습니다.

친구들과 함께 웹에 대해 공부하고 싶었던 저는 학교에 전산 관련 동아리가 없다는 것을 알고 아쉬움이 생겼습니다. 제가 나서서라도 동아리를 개설하고 싶었습니다. 처음에는 프로그래밍언어 자격증을 준비하고 있던 친구들을 모으는 것으로 시작했습니다. 일이 쉽게 풀려나가는 듯했지만, 동아리 개설은 쉽지 않았습니다. 동아리를 개설하려면 일단 선생님께 허락을 받아야 했고, 동아리를 지도할 선생님도 구해야 했기 때문입니다. 저는 동아리 운영방안을 마련하여 교무실에 계시는 선생님들께 일일이 찾아가서 동아리를 맡아 주시기를 부탁했습니다. 저의 계획을 살펴보신 전산 실무 과목 선생님께서 흔쾌히 도와주시겠다고 하셔서 드디어 동아리를 만들 수 있게 되었습니다.

개발자의 꿈을 가진 친구들과 함께 웹 개발에 도전하고 싶다는 것이 제가 나선 궁극적인 이유였습니다. 동아리 회원들과 의기투합하여 웹개발대회를 준비한 결과, ㅇㅇ에서 주최한 제ㅇ회 고교생 ㅇㅇ대회에 출전하여 단체상을 받을 수 있었습니다.

문항을 한 가지 더 살펴보자 .

● 다른 사람들과 적극적으로 협조하여 성과를 낸 경험에 대해 서술해 주십시오.(구체적인 상황, 조직 혹은 집단의 구성 및 규모, 구체적인 역할, 의사소통으로 시너지를 발휘한 내용과 결과가 잘 드러나도록 기술)(시청자미디어재단, 2020)

대인관계능력과 문제해결능력을 보기 위한 문항으로, 팀 안에서 자신의 역할과 참여 인원도 잊지 말고 반드시 명시해야 한다.

ㅇㅇ에서 주최한 창업캠프에 학교 대표로 참석한 적이 있습니다. 4명이 한 팀이 되었고, 저는 다른 팀원들의 추천으로 팀장을 맡을 수 있었습니다. 프로그램을 시작하며 회의를 통해 팀 이름을 정했습니다. 만난 지 하루도 안 되었음에도 팀원들과 식사와 게임을 하며 원래부터 알던 사이처럼 가까워졌습니다.

창업 아이템을 정하는 시간이 되었는데, 처음에는 아무도 아이디어를 내지 않았습니다. 팀원들이 자신의 아이디어를 말할 수 있도록 제가 중간에서 회의를 주재하였고, 그 결과 ○○○이라는 창업 아이템을 선정할 수 있었습니다. 선정한 아이템을 기획하고 홍보하는 것 역시 팀원들과 협의하며 함께 해냈습니다.

정해진 일정이 끝날 무렵에는 서로가 아쉬움에 연락처를 교환하며, 프로그램에 대해 정리하는 시간을 가졌습니다. 강사님들로부터 저희 팀의 팀워크가 가장 좋았다는 평가와 더불어 저의 리더십이 훌륭했다는 칭찬을 받으며 즐겁게 프로그램을 마무리할 수 있었습니다.

다섯째. 문항에서 요구하는 능력을 서술해라 NCS 자기소개서 평가의 핵심은 문항에서 요구하는 능력이 내용 안에 서술되었는가에 있다. 이를 염두에 두고 앞서 설명한 방법대로 작성한다면 서류전형 통과는 문제없을 것이다.

필기도, 면접도
이제는 직무 중심이다!

　　NCS의 필기전형과 면접전형을 이해하려면 먼저 직업기초능력평가와 직무수행능력평가에 대해 알아야 한다. 우선, 직무수행능력평가는 직무를 수행하는 데 필요한 능력을 갖춘 인재를 선발하기 위한 것으로, 선발 직무에서 차별적으로 사용되는 지식·기술 등을 측정한다.

　　이에 반해 직업기초능력평가는 직업인이 갖추어야 할 공통의 능력을 객관적으로 평가하기 위한 것이다. 직업기초능력은 10개의 영역과 34개의 하위 영역으로 구성되어 있으니, 영역별로 어떤 능력을 의미하는지는 부록에서 살펴보기로 하자.

직업기초능력평가의 특징

첫째, 지식보다 생각이 우선이다. 지식이나 단순한 일의 요령을 묻는 것이 아니라 상황, 맥락, 목적 등을 고려하는 능력을 평가한다.

둘째, 아는 것보다 할 줄 아는 것이 중요하다. 달달 외운 지식의 '양'이 아니라 무엇을 어떻게 할 것인지에 초점을 둔다. 책이나 특정 조직의 방식에 얽매이지 않고 주어진 상황이나 절차에 따라 대처할 수 있는 능력을 평가한다.

셋째, 직무에서 실제 사용하는 자료나 양식을 활용할 줄 알아야 한다. 계약서, 기안문, 공지문, 안내방송 등 현장에서 사용하는 용어나 표현을 평가한다. 단순 계산식보다는 해석하는 능력을 우선으로 한다.

기존 채용과의 차이점

기존 채용의 필기전형이 인·적성 평가와 전공시험으로 이루어졌다면, NCS 채용의 필기전형은 직업기초능력평가와 직무수행능력평가가 중심이다. 두 채용의 차이는 평가 문항이 선발 직무에서 실제 사용하고 있는 기술인가, 아니면 포괄적인 지식인가에 있다.

NCS 기반 면접 또한 필기전형과 마찬가지로 직무수행능력과 직업기초능력을 평가하기 위한 구조화된 면접이라는 것이 가장 큰 특성이다. 기존 면접은 면접 진행이나 평가가 일정한 체계 없이 진행되었다. 이 때문에 면접관의 주관적인 판단이 채용 결과에 많은 영향을 미쳤고, "여가 시간에는 무얼 하느냐?" "친한 친구가 몇 명이냐?"와 같이 직무와 무관한 질문도 다수 포함되었다.

위와 달리 NCS에서는 내가 지원한 분야의 직무능력을 이해하는 것이 우선이다. 이를 위해서는 직무설명자료 내용에 포함된 직업기초능력과 직무수행능력을 분석해 보고, 문제 유형을 익혀 보는 게 좋다. 다음 장에서 소개할 NCS 통합포털에 직업기초능력 샘플 문항과 학습자용 교재 등 다양한 자료가 올라와 있으니 이를 참고하면 도움될 것이다.

면접 준비 방법

NCS 면접은 방법 자체만으로는 기존의 면접과 크게 다르지 않다. 다른 점은 평가의 방향성으로, 지원자가 직무설명자료에 기술된 능력을 갖추었는지 평가한다는 점이다. 직무에 따라 요구되는 능력이 다르므로 중점을 두는 항목도, 평가 기준도 다르다. 의사소통능력이 요구되는 사무직이라면, 그 부분을 중점적으로 평가하는 식이다. 따라서 직무설명자료를 꼼꼼히 이해하여, 세부적인 질문에 대응할 수 있도록 해야 한다.

직무능력면접을 대비하기 위해서는 지원 직무와 자신의 경험을 매칭하는 것이 핵심 포인트이다. 경력자라면 직장 경험과 경력을 바탕으로 준비하면 되겠지만, 마땅한 경력이 없는 졸업 예정자들이라면 교내외 활동 같은 경험 위주로 직무와의 연관성을 찾아보는 것이 좋다. 가장 좋은 방법은 직무설명자료를 출력해 놓고 항목별로 자신의 경험과 능력을 하나씩 매칭시켜 보는 것이다. 예를 들어, '직무수행태도'에 '책임감을 갖고 리스크에 대응하고자 하는 의지'가 있다면, 그러한 태도를 보여 줄 수 있는 사례를 자신의 경험에서 찾아보는 식이다.

NCS 통합포털에서 찾을 수 있는 유익한 정보들은 다음 장에서 소개하기로 한다.

NCS사이트
전격 해부

한국산업인력공단에서는 취업 준비생들이 NCS를 이해하고 제대로 준비할 수 있도록 NCS 통합포털(www.ncs.go.kr)을 운영하고 있다. 통합포털은 말 그대로 NCS를 이해하고 NCS 채용을 준비하는 데 필요한 종합적인 정보들이 망라된 사이트로 방대한 정보 중에서 자주 활용할 수 있는 컨텐츠를 소개한다.

● 직업기초능력 동영상 강의를 보고 싶다면?

'NCS통합' 메뉴의 'NCS 및 학습 모듈 검색' 메뉴 아래 '직업기초능력'을 보면 직업기초능력 10개 항목별 동영상 강의가 있다. 항목별로 15강씩, 총 150개나 되는 충실한 강의인 만큼, 시간 내서 들어 보길 권한다.

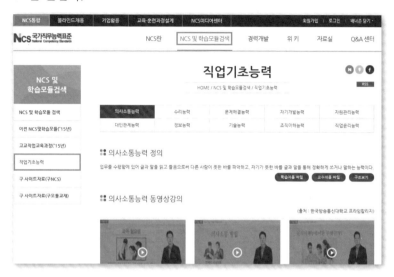

'NCS통합' 메뉴의 '자료실' 이하 '일반자료실'에서 직업기초능력에 대한 학습자용 자료도 있다(게시물 제목 '직업기초능력 파일'으로 검색). 이 자료로 먼저 개념을 익힌 다음 문제집을 풀어 볼 것을 추천한다.

● NCS 기반 필기, 면접 샘플이 필요하다면?

'블라인드채용' 메뉴의 '자료실' 이하 '전형별 평가샘플'에서는 NCS 기반 필기평가 샘플과 면접평가 샘플자료를 받아 볼 수 있다. 문항이 많지 않아 문제 유형을 살펴보는 참고자료 정도로 활용할 수 있다.

● 내 커리어를 직접 관리하고 싶다면?

'NCS통합'의 '경력개발' 이하 '경력개발경로 찾기' 메뉴에서 경력개발경로를 설정하고 저장할 수 있다. 내가 원하는 분야에서 어떻게 능력을 개발할지 확인할 수 있고, 승진과 전직에 대한 경로 설정도 해 볼 수 있기 때문에 경력관리에 좋다. 게다가 해당 직무수준에 맞는 학습모듈과 직무기술서, 훈련정보 등을 클릭 한 번으로 확인 가능하다.

1)
메뉴로
이동한다.

2)
직무를
선택한다.

3)
직무를
선택하면서
경력개발
경로를
확인한다.

4)
직무별
학습모듈,
직무기술서
등을
확인한다.

● **직무수행능력을 확인하고 싶다면?**

자신의 현재 직무능력 상태를 확인하고 싶다면 'NCS통합'의 '경력개발' 이하 '직무능력진단' 서비스를 이용해 보자. 자신이 희망하는 직무를 선택하고 '검색'을 누르면 직업기초능력과 직무수행능력에 맞는 체크리스트가 나온다. 체크를 다 하고 '결과보기'를 누르면 평가결과를 점수로 보여 준다. 이를 통해 자신의 직무수행능력을 점검해 볼 수 있다.

1)
메뉴로
이동한다.

2)
직무를
선택한다.

3)
직무능력
진단 표에
체크한다.

4)
체크를
완료하고
'결과보기'를
누른다.

5)
진단 결과를
확인한다.

● 희망 직무를 채용하는 기업을 알고 싶다면?

'블라인드채용'의 '채용정보센터' 이하 '분류별 기업목록'에서 직무를 선택하면 해당 직무가 있는 기업 목록과 현재 채용을 진행 중인지 여부를 확인할 수 있다. 기업에서 등록해 놓은 직무기술서도 첨부되어 있으니 시간을 내어 살펴보도록 하자.

● 합격자들의 생생한 목소리를 듣고 싶다면?

'블라인드채용'의 '채용준비' 이하 '합격자인터뷰'에는 기업별 합격자들의 인터뷰가 실려 있다. 채용 절차별로 어떻게 준비했는지

실질적인 방법을 알 수 있을 뿐 아니라 현재 맡은 업무까지 알 수
있어서 유용하다.

선배들이 알려 준다! NCS 공략법

서울메트로 김성현

문제가 어떻게 출제될지 몰라 최대한 많은 책을 풀어 보았다. 틀렸던 부분을 표시해 놓고 여러 번 풀어 보면서 문제에 익숙해지도록 노력했다. 특히, 직업기초능력평가의 의사소통능력, 문제해결능력 등 10개 능력에 대한 이론을 건너뛰지 않고 반복해서 읽으며 기억해 둔 것이 많은 도움이 되었다.

한국철도시설공단 권영준

NCS는 직무가 가장 중요한데, 회사마다 필요한 직무가 다르다. 먼저 회사 홈페이지를 살펴보며 회사의 직무를 이해하려고 노력한 것이 필기 시험에서 많은 도움이 되었다. 마음을 차분히 하고 반복해서 문제를 풀어 가다 보면, 문제가 눈에 익는 시기가 오게 될 것이다.

한국지역난방공사 정민지

NCS 문제집을 한 주에 두 권씩 끝내는 것을 목표로 한 달 이상 문제 풀이를 했다. 책값이 부담스러워서 친구와 책을 교환하며 여러 권 풀었던 것이 많이 도움되었다.

건강보험심사평가원 임영진

NCS에 어떤 문제가 출제될지 모르기 때문에, 문제집을 여러 권 풀어 보면서 기초적인 지식을 쌓았다. 스톱워치로 시간을 재면서 문제 풀이 속도를 빠르게 하려고 노력한 것 또한 도움되었다. NCS 문제집에만 몰두하지 말고, GSAT 문제집 등 다양한 문제 유형을 풀어 보는 것도 추천한다.

학생들이 정말 궁금해하는 고졸 취업 FAQ

Q. 마이스터고를 가고 싶은데 여러 학교에 지원할 수 있나요?

마이스터고 간에는 중복 지원이 불가능하므로 학교 선택에 신중해야 한다.

Q. 기술분야를 진로로 정했습니다. 마이스터고에 들어가고 싶은데, 만약 불합격하면 특성화고에 지원할 수 있나요?

그렇다. 마이스터고 불합격이 확정되면 특성화고에 지원 가능하다.

Q. 취업하고자 마이스터고에 왔는데, 대학으로 진로를 바꾸려고 합니다. 특성화고 졸업자 전형으로 대학에 들어갈 수 있을까요?

아쉽게도 2015학년도 대입부터 '특성화고 졸업자 특별전형' 대상에서 마이스터고가 제외되었다. 따라서 마이스터고 학생들은 일반고, 특목고 학생들과 일반전형에서 경쟁해야 한다. 이왕 마이스터고에 진학했으니 3년 이상 산업체에 재직한 후 '특성화고졸 재직자 특별전형'을 노려 보는 것도 한 가지 방법이다.

Q. 특성화고에 떨어지는 경우에 일반고에 지원할 수 있나요?

물론 가능하다.

Q. 일반고를 다니고 있는데 아무래도 기술 쪽이 적성이 맞는 것 같아요. 일반고에서 특성화고로 전학이 가능할까요?

가능하다. 적성이 맞지 않거나 장래 희망이 변경된 학생들에게 계열을 변경하여 전·입학 기회를 주는 '진로변경 전입학제'가 있으니 참고하기 바란다. 다만, 시도 교육청에 따라 변경 기간 및 방법이 다르니 상세한 내용은 시도 교육청 홈페이지에서 확인해 봐야 한다.

Q. 마이스터고에 기계나 전자 같은 기술 분야 말고, 다른 분야는 없나요?

마이스터고는 예비 마이스터 양성을 목적으로 하기 때문에 공학 계열 중심으로 운영되고 있다. 마이스터고는 예비 마이스터 양성이 목적이라 공학 계열 위주로 운영되고 있다. 한 가지 희소식은 2020년 3월, 국제무역 및 글로벌 비즈니스 전문가 양성을 목표로 경북 경주시에 한국국제통상마이스터고등학교가 개교했으니 관심 있게 살펴보면 좋을 것 같다.

Q. 고졸이라고 무시당하지 않을까요?

직장에서 무시당하는 이유는 실력 때문이지 학력 때문이 아니다. 학력이 아무리 높아도 자신이 하는 업무에서 미숙하다면 좋은 평가를 받을 수 없다. 마찬가지로 고졸자라도 업무 능력이 뛰어나다면 어디서든 실력을 인정받을 수 있다. 지금은 능력이 스펙을 앞서는 시대다. 걱정 대신 실력을 키우자.

Q. 출결이 엉망인데 취업에 많이 불리할까요?

출결은 성적과 마찬가지로 학생의 성실함을 보여 주는 자료이다. 지각과 결석이 잦은 사람은 채용하는 입장에서 고민이 될 수밖에 없다. 그러니 고졸 취업을 계획하고 있는 학생이라면 출결 관리에 신경 쓰고, 무단결석은 하지 말기 바란다. 이미 되돌릴 수 없는 상황이라면, 상대방을 충분히 이해시킬 수 있는 사유를 찾아보는 것이 좋겠다.

Q. 내성적인 성격은 면접에 불리하나요?

소극적인 것은 약점이 될 수 있지만, 내성적인 성격이 불리한 건 아니다. 흔히 내성적인 사람을 소극적인 사람과 동일시하는 경향이 있는데, 내성적인 사람이 소극적이라고는 말할 수 없다. 다만, 자신의 의견을 제대로 표현하지 못한다면 아무래도 불리할 수밖에 없다.

Q. 은행원이 꼭 되고 싶은 특성화고 학생입니다. 특성화고 전형이 아닌 일반 전형에는 지원할 수 없을까요?

블라인드 채용이 확대되면서 학력이나 연령 등에 제한을 두지 않는 사례가 늘고 있다. 희망 기업이 이런 열린 채용을 하고 있다면 특성화고 학생들도 얼마든지 지원할 수 있다.

Q. 불합격했던 회사에 다시 지원할 수 있나요? 불이익은 없을까요?

물론 지원할 수 있다. 불이익은 없으니, 불합격한 사실에 연연하지 말고 충실히 준비해서 지원하면 된다. 재지원하여 합격한 사례를 꽤 찾아볼 수 있다.

Q. 채용 관련 궁금한 점은 누구한테 물어보는 게 가장 좋을까요?

특정 회사의 채용과 관련된 질문을 취업 카페나 블로그 운영자에게 하는 경우가 많다. 문제는 답변의 신뢰성인데, 채용 담당자가 아님에도 단정적인 답변이 달린다. 더 큰 문제는 이런 답변을 그대로 믿는 사람들이 많다는 것이다. 가장 정확한 답을 알고 있는 사람은 카페 회원도, 블로그 운영자도 아닌, 채용 담당자라는 사실을 잊지 말자. 학생들은 담당자와의 커뮤니케이션을 두려워하는데, 원하는 것을 얻기 위해서는 좀 더 적극적인 자세가 필요하다. 지원자들과의 소통도 담당자에게는 중요한 업무이다. 부담스럽게 생각하지 마라.

Q. 직무적성검사에서 모르는 문제는 찍는 게 좋을까요?

직무적성검사에서는 오답에 감점을 적용하는 곳이 많다. 모르는 문제에 답을 적지 않으면 0점이지만, 오답인 경우 오히려 감점되는 경우다. 운이 좋아 찍은 게 맞으면 좋겠지만 찍은 게 전부 오답이라면 난감하다. 따라서 필기시험을 보기 전에 오답을 감점하는지 미리 알아보고 전략을 짜는 게 좋겠다.

Q. 같은 학교 출신은 한 명만 뽑히게 되나요?

아니다. 지도했던 학생 중에 한 회사에 나란히 합격한 사례들이 많다. 같은 회사를 준비한다고 해서 무조건 경쟁 상대라고 여기지 말고 서로 협력해서 좋은 결과를 만들어 내는 게 좋다.

Q. 면접 때 옷은 어떻게 입고 가야 해요?

재학생이라면 교복을 입는 게 가장 좋다. 학생에게 교복만큼 좋은 면접 의상은 없기 때문이다. 높은 하이힐에 어색한 화장과 정장으로 무리수를 두는 것은 피해야 한다. 이미 졸업한 사람이라면 튀지 않는 기본 정장을 입는 게 좋다. 너무 화려하고 장식이 많은 옷보다는 차분한 색상과 단순한 디자인이 단정한 인상을 주게 마련이다.

Q. 면접에 참석 못 할 것 같아요. 어떻게 해야 하나요?

면접에 불참하는 경우에는 반드시 담당자에게 알려야 한다. 면접 당일까지도 불참 사실을 알리지 않고 휴대폰을 꺼 두는 사람들이 간혹 있다. 사정상 면접에 불참할 수는 있지만, 기다리는 사람을 배려해서 연락하는 게 예의다. 통화가 불편하다면 이메일이나 문자를 통해서라도 반드시 알리도록 하자.

Q. 1점대의 경쟁률은 합격이라고 봐도 되나요?

경쟁률이 낮으면 긴장이 풀어져 면접 연습을 소홀히 하는 학생들이 많다. 하지만 최종적으로 합격을 통보받을 때까지는 장담할 수 없는 일이다. 지도 학생 중 한 명이 1점대 경쟁률의 면접을 앞두고 있었다. 경쟁률도 낮았고 워낙 똑똑한 학생이었기에 모두가 합격을 확신했다. 그런데 며칠 뒤 나온 면접 결과는 예상과 다르게 불합격이었다. 얘기를 들어 보니 대답 못 한 게 많았다고 한다. 이처럼 낮은 경쟁률로도 떨어지는 사람은 있다. 끝까지 방심하지 말고 최선을 다해야 한다.

Q. 면접 울렁증이 있는데 극복할 방법이 있을까요?

연습을 통해 자신감을 얻는 것 말고 특별한 방법이 있을 수 없다. 어두운 길도 익숙해지면 두려움을 덜 느끼는 것처럼 연습으로 단련되면 면접 울렁증도 차츰 없어질 것이다.

Q. 면접을 망친 것 같아요. 기대하지 않는 게 낫겠죠?

면접관의 표정이 좋지 않았거나 제대로 말을 못한 것 같다는 이유로 불합격을 점치는 학생들이 있다. 합격을 예상했는데 결과가 안 좋은 경우가 있는 것처럼, 반대로 기대하지 않았다가 합격 통보를 받았다는 이야기도 많이 들어봤을 것이다. 면접은 객관식 시험처럼 딱 떨어지는 정답이 있는 게 아니다. 아무도 예측할 수 없으니 섣부른 좌절도 설익은 기대도 하지 말고, 마음을 비우고 기다리는 게 좋다. 잘했건 못했건 간에 말이다.

Q. 예비 합격자가 입사할 확률도 있을까요?

그렇다. 실제로 예비 합격자로 뽑아 놓았다가 결원이 발생할 때 합격을 통보하는 경우도 간혹 있다.

Q. 신체검사에서도 떨어질 수 있나요?

드물지만, 아예 없다고는 할 수 없다. 회사마다 불합격 기준이 다르므로 지원 회사의 기준을 확인해 봐야 한다. 공공기관은 법령에서 정한 신체검사 불합격 판정 기준을 따르므로 이를 참고하면 된다. 상세 기준은 국가법령정보센터 (www.law.go.kr)를 접속하여 '공무원 채용 신체검사 규정'을 검색하면 붙임자료에서 확인할 수 있다.

Q. 공무원으로 입사한 지 얼마 지나지 않아 군대에 가게 된다면, 어렵게 들어간 직장을 그만두고 입대해야 하는 건지 고민입니다.

규모가 작은 기업일수록 군필자를 선호하는 건 어쩔 수 없는 현실이다. 하지만 공무원은 병역으로 인한 휴직이 가능하므로 제대 후 복직하면 된다. 또한, 군복무 경력은 100% 호봉으로 인정된다.

Q. 블라인드 채용을 하게 되면 고졸 채용 혜택이 없어지는 건가요?

그렇지 않다. 관계부처에서 발표한 '공공기관 블라인드 채용 가이드라인'을 보면 고졸 인재 채용 등 사회 형평성을 위한 별도전형은 가능하다고 명시되어 있다. 즉, 기존의 고졸 채용 정책은 그대로 유지해 나간다는 것이다.

Q. 취업 시 제출해야 할 서류들은 어디에서 발급받아야 하나요?

병역, 가점, 학력 등을 확인하기 위해 제출해야 하는 서류들이 있는데 기업마다 요구하는 서류의 종류가 다르니 꼼꼼한 확인이 필요하다. 취업보호대상자 확인서, 국민기초생활수급자 확인서, 장애인등록증, 주민등록초본·등본은 주민센터나 정부민원포털 민원24(www.gov.kr)에서 발급할 수 있다.

Q. 지원서에 기재한 대로 증빙서류를 제출할 수 없다면, 합격 결과에 영향을 줄 수 있을까요?

그렇다. 증빙서류를 검토하는 과정에서 지원서 내용과 다를 경우 규정에 따라 합격을 취소할 수 있다. 비록 실수일지라도 결과에 대한 책임은 전적으로 지원자에게 있다는 것을 명심해야 한다.

Q. 공기업의 채용형 인턴을 마치고 정규직 전환 대상자로 결정되었습니다. 그런데 바로 입사해서 근무할 줄 알았으나 발령이 나지 않아 집에서 쉬고 있습니다. 이런 경우도 있나요?

정규직 전환이 되더라도 곧바로 자리가 나지 않아서 기다려야 하는 상황이 종종 있다. 3개월 이상을 기다린 제자도 있었다. 불안해하지 말고 정식 발령이 날 때까지 직무에 필요한 것들을 준비하는 시간으로 활용하는 게 좋다.

Q. 입사지원자 전원에게 필기전형 응시 기회를 부여한다고 공고에 나와 있는데, 탈락자도 있다고 들었습니다. 탈락하는 이유는 무엇 때문일까요?

채용 공고를 자세히 살펴보면 '서류전형에서 지원 자격 미충족 및 입사지원서 불성실 작성자 등을 제외하면'이라는 조건이 붙어 있다. 입사지원자 전원에게 필기전형 응시 기회를 부여하는 공공기관들은 서류전형 심사 기준이 거의 비슷하므로 아래의 내용을 참고하면 이해하는 데 도움이 될 것이다.

구분	심사 기준
블라인드 채용 준수	1. 지원자의 출신 학교명을 기재하는 경우 2. 지원자의 최종 학력을 기재하는 경우 3. 지원자의 나이를 기재하는 경우 4. 지원자의 출신 지역을 기재하는 경우 5. 지원자의 성별을 나타내는 경우
작성 내용 성실성	1. 자기소개서 및 역량기술서 중 1개 문항이라도 30% 미만 작성한 경우 2. 특정 문자만을 반복적으로 기재한 경우 3. 질문의 의도와 전혀 상관없는 내용으로 작성한 경우 4. 타 기관에 제출할 용도로 작성한 경우 5. 표절심사 전문 프로그램 활용한 표절률이 30%를 초과하는 경우 (단, 초과 내용이 불가피한 사유 제외)

공기업·대기업·금융권
면접 기출문제 100

대기업, 은행권, 공공기관의 면접을 봤던 학생들이 작성한 자료에서 빈도수가 높은 질문들과 한 예능 프로그램에서 나온 면접 문항들을 추려 100개로 정리했다. 본인이 쓴 자기소개서와 함께 이를 참고하여 연습하면 좋을 것이다.

학교/학과관련

- [ ] 1 특성화고의 장점이 뭔가요?
- [ ] 2 학교 자랑 한번 해 보세요.
- [ ] 3 고등학교를 다니면서 가장 힘들었던 점을 말씀해 주세요.
- [ ] 4 특성화고에 지원하게 된 계기가 뭔가요?
- [ ] 5 과가 무엇입니까?
- [ ] 6 출결이 안 좋은데 왜 그런 거죠?
- [ ] 7 가장 좋아하는 과목과 그 이유를 말씀해 보세요.
- [ ] 8 가장 싫어하는 과목과 그 이유를 말씀해 보세요.
- [ ] 9 전공과목들이 처음부터 적성에 맞았나요?
- [ ] 10 ○○자격증은 왜 취득하셨나요?
- [ ] 11 ○○과에서는 무엇을 배우나요?

☐ 12 성격의 장단점을 말씀해 주세요.

☐ 13 성격의 단점은 무엇이며, 그 단점을 고치려고 어떤 노력을 했나요?

☐ 14 문제를 주로 혼자 해결하는 편인가요? 아니면 누군가에게 도움을 요청해 해결하나요?

☐ 15 자신의 가치관을 말해 주세요.

☐ 16 스트레스를 받을 때는 어떤 식으로 푸나요?

☐ 17 잘하는 게 중요할까요? 열심히 하는 게 중요할까요?

기업/직무관련

☐ 18 우리 회사 홈페이지는 방문해 보셨어요?

☐ 19 저희 회사의 장점을 말씀해 주세요.

☐ 20 원하지 않는 업무를 맡겨도 할 수 있나요?

☐ 21 기업의 목적은 뭐라고 생각하세요?

☐ 22 기업의 사회적 책임은 뭐라고 생각하세요?

☐ 23 우리 회사가 추구하는 가치에 대해 알고 있나요?

☐ 24 저희 회사가 뭐하는 회사인지 알고 있나요?

☐ 25 ○○직에서 필요한 능력은 무엇이고 자신은 어떤 능력을 가지고 있다고 생각합니까?

☐ 26 바람직한 회사란 어떤 회사일까요?

☐ 27 우리 기관은 어떤 조직체의 산하기관인가요?

☐ 28 우리 회사를 어떻게 알게 되었나요?

☐ 29 입사하게 된다면 어떤 일을 맡으실지 알고 있나요?

☐ 30 우리 회사에서 입사하는 데 있어 본인의 강점을 말해 보세요.

☐ 31 최근 우리 회사 제품(서비스)을 이용한 적 있나요? 만족한 부분과 불만족한 부분을 말해 주세요.

지원 동기관련

☐ 32 왜 공기업에 지원했나요?

☐ 33 ○○계열 고등학교인데 왜 ○○직에 지원하신 거죠?

☐ 34 가장 감명 깊게 읽은 책을 말해 보세요.

☐ 35 가장 감명 깊게 본 영화를 소개해 주세요.

☐ 36 취미에 대해서 말씀해 주세요.

☐ 37 운동 좋아하세요? 무슨 운동을 좋아하세요?

기타

☐ 38 하고 싶은 말이나 궁금한 점이 있나요?

☐ 39 아침은 먹고 왔나요?

☐ 40 집에서 회사까지 어떻게 찾아오셨어요?

☐ 41 오늘 면접에서 본인을 몇 퍼센트 보여 준 것 같나요?

☐ 42 다른 데 면접 본 적 있나요?

☐ 43 이메일 주소는 왜 그렇게 정했나요?

☐ 44 존경하는 인물은 누구인가요?

☐ 45 가장 최근에 읽은 기사를 말씀해 주세요.

☐ 46 지금 심정을 다섯 글자로 표현해 보세요.

☐ 47 면접 준비는 얼마나 하였나요?

☐ 48 이번 면접에서 불합격한다면 그 원인이 뭐라고 생각하세요?

상황

☐ 49 가족여행과 회사 창립기념일이 겹쳤을 때 어떻게 할 건가요?

☐ 50 우리 기관과 대기업에 둘 다 합격했을 경우 어느 곳에 입사하실 건가요?

☐ 51 악성민원인이 와서 막무가내로 행동하면 어떻게 대처할 것인가요?

☐ 52 타임머신이 있다면 인생의 어느 시점으로 돌아가고 싶나요?

☐ 53 친한 친구의 생일 축하를 위해 약속을 잡았는데, 갑자기 팀 회식을 하게 되었습니다. 어떻게 하실 건가요?

☐ 54 상사가 금연구역에서 담배를 피우고 있다면 신입직원으로서 어떻게 얘기할 건가요?

☐ 55 만약 상사가 부당한 일을 하는 것을 목격했다면 어떻게 하실 건가요?

- 56 아르바이트를 한 계기를 말씀해 주세요.
- 57 봉사 활동 경험이 있나요?
- 58 아르바이트 급여는 어디에다 사용하셨나요?
- 59 아르바이트를 하면서 고용주의 악의적인 행동을 목격한 적이 있나요?
- 60 아르바이트를 하면서 힘들었던 점은 무엇이었나요?
- 61 아르바이트를 하며 가장 크게 배운 점을 말씀해 주세요.

- 62 사회로 나가면 뭐가 달라질 것 같나요?
- 63 멘토가 있나요?
- 64 일하는 상사와 잘 맞지 않을 때는 어떻게 하실 건가요?
- 65 왕따 당해 본 적 있으세요?
- 66 가장 친한 친구는 누구인가요?
- 67 고민상담은 주로 누구와 하세요?
- 68 학교와 회사의 차이는 뭐라고 생각하세요?
- 69 다른 사람이 본인을 어떤 식으로 평가하나요?
- 70 교우관계에서 힘들었던 적은 없었나요?
- 71 사회인이 되면 어떤 일을 하고 싶으세요?
- 72 친구들과 의견이 다를 땐 어떻게 하시나요?
- 73 가족 중 자신이 가장 의지하는 사람은 누구인가요?

- 74 힘들었던 일이 있으면 그것을 어떻게 극복하였나요?
- 75 학창 시절에 도전했던 경험과 에피소드를 말해 보세요.

- 76 진학을 해서 더 배우고 싶다는 생각은 없으세요?
- 77 대학과 취업 중에 고민해 본 적이 있나요? 그리고 취업을 선택한 이유를 말씀해 주세요.

☐ 78 왜 취업을 하려고 생각하시나요?

☐ 79 진학하는 친구들이 부럽지는 않나요?

☐ 80 만약 대학에 진학을 하게 된다면 어떤 과에 진학을 하고 싶나요?

입사관련/업무

☐ 81 우리기업에 입사한다면 어떤 자세로 임할 것인지 말씀해 주세요.

☐ 82 왜 은행이고 그중 왜 우리 은행을 지원하셨나요?

☐ 83 은행원의 꿈을 가지게 된 게 언제부터인가요?

☐ 84 ○○직에서의 자신의 장점은 뭔가요?

☐ 85 자기소개서에 지원 동기 말고 진짜 지원 동기는 뭔가요?

☐ 86 우리 회사 ○○직이 하는 일에 대해 아는 바를 설명해 보세요.

☐ 87 여러 계열사 중에 우리 회사를 지원한 이유가 뭔가요?

☐ 88 업무처리 할 때 어떤 자세로 일해야 될까요?

☐ 89 혹시 상사가 자신의 업무와는 무관한 일을 시키신다면 어떻게 하실 건가요?

☐ 90 상사가 입사 동기에게 부당한 일을 시키신다면 어떻게 하시겠어요?

☐ 91 만약 입사를 하게 된다면 어떤 일을 해 보고 싶으세요?

☐ 92 고졸을 뽑아야 하는 이유를 말씀해 주세요.

☐ 93 자신이 우리 회사와 맞다고 생각하는 이유와 자질에 대해 어필해 보세요.

☐ 94 만약 당신이 합격한다면 그 이유가 뭐라고 생각하세요? 또, 반대상황이라면 그 이유가 뭘까요?

☐ 95 ○○직으로 지원하셨지만 나중에는 어떤 업무를 해 보고 싶으세요? 그리고 그 이유를 말씀해 주세요.

☐ 96 우리 회사에 입사하기 위해 필요한 자질은 뭐라고 생각하세요?

미래/비전

☐ 97 본인이 이루고 싶은 꿈을 말해 주세요.

☐ 98 입사 후 계획을 말해 주세요.

☐ 99 자신의 꿈을 이루기 위해 어떤 결심을 했나요?

☐ 100 나중에 어떤 사람이 되고 싶으세요?

NCS 직업기초능력 분류

① 의사소통능력

업무를 수행함에 있어 글과 말을 읽고 들음으로써 다른 사람이 뜻한 바를 파악

하고, 자기가 뜻한 바를 글과 말을 통해 정확하게 쓰거나 말하는 능력이다.

하위능력	정의
문서이해능력	업무를 수행함에 있어 다른 사람이 작성한 글을 읽고 그 내용을 이해하는 능력
문서작성능력	업무를 수행함에 있어 자기가 뜻한 바를 글로 나타내는 능력
경청능력	업무를 수행함에 있어 다른 사람의 말을 듣고 그 내용을 이해하는 능력
의사표현능력	업무를 수행함에 있어 자기가 뜻한 바를 말로 나타내는 능력
기초 외국어 능력	업무를 수행함에 있어 외국어로 의사소통할 수 있는 능력

② 수리능력

업무를 수행함에 있어 사칙연산, 통계, 확률의 의미를 정확하게 이해하고, 이

를 업무에 적용하는 능력이다.

하위능력	정의
기초연산능력	업무를 수행함에 있어 기초적인 사칙연산과 계산을 하는 능력
기초통계능력	업무를 수행함에 있어 필요한 기초 수준의 백분율, 평균, 확률과 같은 통계 능력
도표분석능력	업무를 수행함에 있어 도표(그림, 표, 그래프 등)가 갖는 의미를 해석하는 능력
도표작성능력	업무를 수행함에 있어 필요한 도표(그림, 표, 그래프 등)를 작성하는 능력

③ 문제해결능력

업무를 수행함에 있어 문제 상황이 발생하였을 경우, 창조적이고 논리적인 사고를 통하여 이를 올바르게 인식하고 적절히 해결하는 능력이다.

하위능력	정의
사고력	업무와 관련된 문제를 인식하고 해결함에 있어 창조적, 논리적, 비판적으로 생각하는 능력
문제처리능력	업무와 관련된 문제의 특성을 파악하고, 대안을 제시, 적용하고 그 결과를 평가하여 피드백하는 능력

④ 자기개발능력

업무를 추진하는 데 스스로를 관리하고 개발하는 능력이다.

하위능력	정의
자아인식능력	자신의 흥미, 적성, 특성 등을 이해하고, 이를 바탕으로 자신에게 필요한 것을 이해하는 능력
자기개발능력	업무에 필요한 자질을 지닐 수 있도록 스스로를 관리하는 능력
경력개발능력	끊임없는 자기 개발을 위해서 동기를 갖고 학습하는 능력

⑤ **자원관리능력**

업무를 수행하는 데 시간, 자본, 재료 및 시설, 인적자원 등의 자원 가운데 무엇이 얼마나 필요한지를 확인하고, 이용 가능한 자원을 최대한 수집하여 실제 업무에 어떻게 활용할 것인지를 계획하고, 계획대로 업무 수행에 이를 할당하는 능력이다.

하위능력	정의
시간 관리능력	업무 수행에 필요한 시간자원이 얼마나 필요한지를 확인하고, 이용 가능한 시간자원을 최대한 수집하여 실제 업무에 어떻게 활용할 것인지를 계획하고 할당하는 능력
예산 관리능력	업무 수행에 필요한 자본자원이 얼마나 필요한지를 확인하고, 이용 가능한 자본자원을 최대한 수집하여 실제 업무에 어떻게 활용할 것인지를 계획하고 할당하는 능력
물적자원 관리능력	업무수행에 필요한 재료 및 시설자원이 얼마나 필요한지를 확인하고, 이용 가능한 재료 및 시설자원을 최대한 수집하여 실제 업무에 어떻게 활용할 것인지를 계획하고 할당하는 능력
인적자원 관리능력	업무수행에 필요한 인적자원이 얼마나 필요한지를 확인하고, 이용 가능한 인적자원을 최대한 수집하여 실제 업무에 어떻게 활용할 것인지를 계획하고, 할당하는 능력

⑥ **대인관계능력**

업무를 수행함에 있어 접촉하게 되는 사람들과 문제를 일으키지 않고 원만하게 지내는 능력이다.

하위능력	정의
팀웍능력	다양한 배경을 가진 사람들과 함께 업무를 수행하는 능력
리더십능력	업무를 수행함에 있어 다른 사람을 이끄는 능력
갈등관리능력	업무를 수행함에 있어 관련된 사람들 사이에 갈등이 발생하였을 경우 이를 원만히 조절하는 능력

협상능력	업무를 수행함에 있어 다른 사람과 협상하는 능력
고객서비스능력	고객의 요구를 만족시키는 자세로 업무를 수행하는 능력

⑦ 정보능력

업무와 관련된 정보를 수집하고, 이를 분석하여 의미 있는 정보를 찾아내며, 의미있는 정보를 업무수행에 적절하도록 조직하고, 조직된 정보를 관리하며, 업무 수행에 이러한 정보를 활용하고, 이러한 제 과정에 컴퓨터를 사용하는 능력이다.

하위능력	정의
컴퓨터활용능력	업무와 관련된 정보를 수집, 분석, 조직, 관리, 활용하는 데 있어 컴퓨터를 사용하는 능력
정보처리능력	업무와 관련된 정보를 수집하고, 이를 분석하여 의미 있는 정보를 찾아내며, 의미 있는 정보를 업무수행에 적절하도록 조직하고, 조직된 정보를 관리하며, 업무 수행에 이러한 정보를 활용하는 능력

⑧ 기술능력

업무를 수행함에 있어 도구, 장치 등을 포함하여 필요한 기술에는 어떠한 것들이 있는지 이해하고, 실제로 업무를 수행함에 있어 적절한 기술을 선택하여 적용하는 능력이다.

하위능력	정의
기술이해능력	업무 수행에 필요한 기술적 원리를 올바르게 이해하는 능력
기술선택능력	도구, 장치를 포함하여 업무 수행에 필요한 기술을 선택하는 능력
기술적용능력	업무 수행에 필요한 기술을 업무 수행에 실제로 적용하는 능력

⑨ 조직이해능력

업무를 원활하게 수행하기 위해 국제적인 추세를 포함하여 조직의 체제와 경영에 대해 이해하는 능력이다.

하위능력	정의
국제감각	주어진 업무에 관한 국제적인 추세를 이해하는 능력
조직체제 이해능력	업무 수행과 관련하여 조직의 체제를 올바르게 이해하는 능력
경영이해능력	사업이나 조직의 경영에 대해 이해하는 능력
업무이해능력	조직의 업무를 이해하는 능력

⑩ 직업윤리

업무를 수행함에 있어 원만한 직업생활을 위해 필요한 태도, 매너, 올바른 직업관이다.

하위능력	정의
근로 윤리	업무에 대한 존중을 바탕으로 근면하고 성실하고 정직하게 업무에 임하는 자세
공동체 윤리	인간 존중을 바탕으로 봉사하며, 책임 있고, 규칙을 준수하며 예의 바른 태도로 업무에 임하는 자세

NCS 입사지원서 예시
(경영관리직군 인사쪼직)

인적사항

인적사항은 필수항목이므로 반드시 모든 항목을 기입해 주십시오.

지원구분	신입 □ 경력 □	지원분야		접수번호	온라인 접수 시 자동 부여
성명	(한글)	생년월일	(월/일)		
현주소					
연락처	(본인휴대폰)	전자우편			
	(비상연락처)				

교육사항

학교 교육은 제도화된 학교 내에서 이루어지는 교육과정을 의미합니다. 아래의
질문에 대하여 해당되는 내용을 기입해 주십시오.

학교교육		
• [경영/경제/회계/무역] 관련 학교교육 과목을 이수한 경험이 있습니까?	예 □	아니오 □
• [통계] 관련 학교교육 과목을 이수한 경험이 있습니까?	예 □	아니오 □
• [경영전략/평가/성과관리] 관련 학교교육 과목을 이수한 경험이 있습니까?	예 □	아니오 □
• [인사/조직관리] 관련 학교교육 과목을 이수한 경험이 있습니까?	예 □	아니오 □

• [광고/홍보/매스컴] 관련 학교교육 과목을 이수한 경험이 있습니까?	예 □	아니오 □

'예'라고 응답한 항목에 해당하는 내용을 아래에 기입해 주십시오.

과목명	주요내용

직업교육은 학교 이외의 기관에서 실업교육, 기능교육, 직업훈련 등을 이수한 교육과정을 의미합니다. 아래의 질문에 대하여 해당되는 내용을 기입해 주십시오.

직업교육		
• [경영/경제/회계/무역] 관련 직업교육 과목을 이수한 경험이 있습니까?	예 □	아니오 □
• [통계] 관련 직업교육 과목을 이수한 경험이 있습니까?	예 □	아니오 □
• [경영전략/평가/성과관리] 관련 직업교육 과목을 이수한 경험이 있습니까?	예 □	아니오 □
• [인사/조직관리] 관련 직업교육 과목을 이수한 경험이 있습니까?	예 □	아니오 □
• [광고/홍보/매스컴] 관련 직업교육 과목을 이수한 경험이 있습니까?	예 □	아니오 □

'예'라고 응답한 항목에 해당하는 내용을 아래에 기입해 주십시오.

교육과정명	주요내용	기관명	교육기간

직무능력 관련 자격 사항 (NCS 내 환경분석 내 자격현황 참고)

자격은 직무와 관련된 자격을 의미합니다. 코드를 확인하여 해당 자격증을 정확히 기입해 주십시오.

A. 국가기술자격	B. 개별법에 의한 전문자격
C. 국가공인 민간자격	D. 기타자격

위의 자격목록에 제시된 자격증 중에서 보유하고 있는 자격증을 아래에 기입해 주십시오.

코드	발급기관	취득일자	코드	발급기관	취득일자

그 외, [직무 혹은 직무관련 지식]에 관련된 자격증은 아래에 기입해 주십시오.

자격증명	발급기관	취득일자	자격증명	발급기관	취득일자

경력사항

경력은 금전적 보수를 받고 일정기간 동안 일했던 이력을 의미합니다. 아래의 질문에 대하여 해당되는 내용을 기입해 주십시오.

학교교육

	예	아니오
• 기업조직에 소속되어 [경영기획 (능력단위 ①)] 관련 업무를 수행한 경험이 있습니까?	예 ☐	아니오 ☐
• 기업조직에 소속되어 [경영평가 (능력단위 ②)] 관련 업무를 수행한 경험이 있습니까?	예 ☐	아니오 ☐
• 기업조직에 소속되어 [홍보 (능력단위 ③)] 관련 업무를 수행한 경험이 있습니까?	예 ☐	아니오 ☐

'예'라고 응답한 항목에 해당하는 내용을 아래에 기입해 주십시오.

근무기간	기관명	직위/역할	담당업무

그 외, 경력 사항은 아래에 기입해 주십시오.

근무기간	기관명	직위/역할	담당업무

자세한 경력 사항은 경력기술서에 작성해 주시기 바랍니다.

직무 관련 기타 활동

직무관련 기타 활동은 직업 외적인(금전적 보수를 받지 않고 수행한) 활동을 의미하며, 산학, 팀 프로젝트, 연구회, 동아리/동호회, 온라인 커뮤니티, 재능기부 활동 등이 포함될 수 있습니다. 아래의 질문에 대하여 해당되는 내용을 기입해 주십시오.

• [경영기획 (능력단위 ①)] 관련 활동들을 수행한 경험이 있습니까?	예 ☐	아니오 ☐
• [경영평가 (능력단위 ②)] 관련 활동들을 수행한 경험이 있습니까?	예 ☐	아니오 ☐
• [홍보 (능력단위 ③)] 관련 활동들을 수행한 경험이 있습니까?	예 ☐	아니오 ☐

'예'라고 응답한 항목에 해당하는 내용을 아래에 기입해 주십시오.

활동기간	소속조직	주요역할	주요활동업무

자세한 직무관련 기타 활동 사항은 경험기술서에 작성해 주시기 바랍니다.

최신 취업 트렌드에 맞춘 실전 매뉴얼

고졸 취업 완전 정복

©송지영 2018

초판 1쇄 발행 2018년 3월 30일
개정 2쇄 발행 2022년 4월 29일

지은이 송지영

펴낸이 김재룡
펴낸곳 도서출판 슬로래빗

출판등록 2014년 7월 15일 제25100-2014-000043호
주소 (04790) 서울시 성동구 성수일로 99 서울숲AK밸리 1501호
전화 02-6224-6779
팩스 02-6442-0859
e-mail slowrabbitco@naver.com
블로그 slowrabbitco.blog.me
포스트 post.naver.com/slowrabbitco
인스타그램 instagram.com/slowrabbitco

기획 강보경   편집 김가인   디자인 변영은 miyo_b@naver.com

값 13,800원
ISBN 979-11-86494-38-7 43320

「이 도서의 국립중앙도서관 출판시도서목록(CIP)은 서지정보유통지원시스템 홈페이지
(http://seoji.nl.go.kr)와 국가자료공동목록시스템(http://www.nl.go.kr/kolisnet)에
서 이용하실 수 있습니다. (CIP제어번호: CIP2018007583)」